lonely planet

ITALIAN

Essential Language for Short Trips

FAST TALK

D1052224

Fast Talk Italian
2nd edition – March 2009 First published – May 2004

Published by
Lonely Planet Publications Pty Ltd ABN 36 005 607 983
90 Maribyrnong St, Footscray, Victoria 3011, Australia

Lonely Planet Offices
Australia Locked Bag 1, Footscray, Victoria 3011
USA 150 Linden St, Oakland CA 94607
UK 2nd Floor, 186 City Road, London ECV1 2NT

Photography
Italian scene by Claudio Arnese/istock photo

ISBN 978 1 74059 732 6

text © Lonely Planet Publications Pty Ltd 2004

10 9 8 7 6 5 4 3

Printed by Hang Tai Printing Company
Printed in China

CHAT 6

EXPLORE 13

SHOP 20

ENJOY 26

EAT & DRINK 28

Language name: Italian

Italian is known to its native speakers as *italiano* ee·tal·*ya*·no.

Language family: Romance

Italian belongs to the Romance family of languages and is a close relative of Spanish, French, Portuguese and Romanian.

Key country & secondary countries:

The key country where Italian is spoken is of course Italy, but Italian is also spoken by minorities in Switzerland, Slovenia, France and the Istrian peninsula of Croatia where the language has official status.

Approximate number of speakers:

Nearly 65 million people speak Italian worldwide. Many of those who live in Italy also speak a dialect specific to their native region.

Donations to English:

English speakers will recognise many Italian words related to music, cuisine and art. Opera, virtuoso, broccoli, spaghetti and fresco are just a few.

Grammar:

The structure of Italian holds no major surprises for English speakers due to the common Latin ancestry of the two languages.

Pronunciation:

With the exception of the rolled *r*, the sounds of Italian can almost all be found in English. You'll be surprised how easy it is to pronounce Italian words.

Abbreviations used in this book:

| m | masculine | sg | singular | pol | polite |
| f | feminine | pl | plural | inf | informal |

CHAT
Meeting & greeting

Hello.	*Buongiorno/Salve.* pol	bwon·*jor*·no/*sal*·ve
Hi.	*Ciao.* inf	chow
Good morning/ afternoon.	*Buongiorno.*	bwon·*jor*·no
Good evening.	*Buonasera.*	bwo·na·*se*·ra
Good night.	*Buonanotte.*	bwo·na·*no*·te
Goodbye.	*Arrivederci.* pol	a·ree·ve·*der*·chee
Bye.	*Ciao.* inf	chow
Mr/Sir	*Signore*	see·*nyo*·re
Mrs/Madam	*Signora*	see·*nyo*·ra
Miss/Ms	*Signorina*	see·nyo·*ree*·na
Doctor	*Dottore/Dottoressa* m/f	do·*to*·re/do·to·*re*·sa

Essentials

Yes.	*Si.*	see
No.	*No.*	no
Please.	*Per favore.*	per fa·*vo*·re
Thank you (very much).	*Grazie (mille).*	*gra*·tsye (*mee*·le)
You're welcome.	*Prego.*	*pre*·go
Excuse me.	*Mi scusi.* pol	mee *skoo*·zee
	Scusami. inf	*skoo*·za·mee
Sorry.	*Mi dispiace.*	mee dees·*pya*·che

How are you?
Come sta? pol — *ko·me sta*
Come stai? inf — *ko·me stai*

Fine. And you?
Bene. E Lei/tu? pol/inf — *be·ne e lay/too*

What's your name?
Come si chiama? pol — *ko·me see kya·ma*
Come ti chiami? inf — *ko·me tee kya·mee*

My name is ...
Mi chiamo ... — mee *kya·mo* ...

I'd like to introduce you to ...
Le/Ti presento ... pol/inf — le/tee pre·*zen*·to ...

I'm pleased to meet you.
Piacere. — pya·*che*·re

It's been great meeting you.
È stato veramente un — e *sta*·to ve·ra·*men*·te oon
piacere conoscerla/ — pya·*che*·re ko·*no*·sher·la/
conoscerti. pol/inf — ko·*no*·sher·tee

This is my ...	*Le/Ti presento ...* pol/inf	le/tee pre·*zen*·to ...
colleague	*il mio collega* m	eel *mee*·o ko·*le*·ga
	la mia collega f	la *mee*·a ko·*le*·ga
friend	*il mio amico* m	eel *mee*·o a·*mee*·ko
	la mia amica f	la *mee*·a a·*mee*·ka
husband	*mio marito*	*mee*·o ma·*ree*·to
partner	*il mio*	eel *mee*·o
(intimate)	*compagno* m	kom·*pa*·nyo
	la mia	la *mee*·a
	compagna f	kom·*pa*·nya
wife	*mia moglie*	*mee*·a *mo*·lye

I'm here ...	Sono qui ...	so·no kwee ...
for a holiday	in vacanza	een va·kan·tsa
on business	per affari	per a·fa·ree
to study	per motivi	per mo·tee·vee
	di studio	dee stoo·dyo
with my family	con la mia	kon la mee·a
	famiglia	fa·mee·lya
with my partner	con il mio	kon eel mee·o
	compagno m	kom·pa·nyo
	con la mia	kon la mee·a
	compagna f	kom·pa·nya

How long are you here for?

Quanto tempo si fermerà? pol	kwan·to tem·po see fer·me·ra
Quanto tempo ti fermerai? inf	kwan·to tem·po tee fer·me·rai

I'm here for ... days/weeks.

Sono qui per ... giorni/	so·no kwee per ... jor·nee/
settimane.	se·tee·ma·ne

For numbers see the box feature in **LOOK UP**, page 67.

Here's my ...	Ecco il mio ...	e·ko eel mee·o ...
What's your ...?	Qual'è il Suo/	kwa·le eel soo·o/
	tuo ...?	too·o ...
address	indirizzo	een·dee·ree·tso
email address	indirizzo di	een·dee·ree·tso dee
	email	e·mayl
fax number	numero di fax	noo·me·ro dee faks
home number	numero di casa	noo·me·ro dee ka·za
mobile number	numero di	noo·me·ro dee
	cellulare	che·loo·la·re
work number	numero di	noo·me·ro dee
	lavoro	la·vo·ro

Breaking the language barrier

Do you speak English?
Parla inglese? par·la een·*gle*·ze

Does anyone speak English?
C'è qualcuno che parla che kwal·*koo*·no ke *par*·la
inglese? een·*gle*·ze

Do you understand?
Capisce? ka·*pee*·she

I understand.
Capisco. ka·*pee*·sko

I don't understand.
Non capisco. non ka·*pee*·sko

I speak a little.
Parlo un po'. *par*·lo oon po

What does 'vietato' mean?
Che cosa vuol dire 'vietato'? ke *ko*·za vwol *dee*·re vye·*ta*·to

How do you ...?	*Come si ...?*	*ko*·me see ...
pronounce this	*pronuncia questo*	pro·*noon*·cha *kwe*·sto
write 'arrivederci'	*scrive 'arrivederci'*	*skree*·ve a·ree·ve·*der*·chee

Could you please ...?	*Può ... per favore?*	pwo ... per fa·*vo*·re
repeat that	*ripeterlo*	ree·*pe*·ter·lo
speak more slowly	*parlare più lentamente*	par·*la*·re pyoo len·ta·*men*·te
write it down	*scriverlo*	*skree*·ver·lo

Personal details

Where are you from?
Da dove viene/vieni? pol/inf   da *do*·ve *vye*·ne/*vye*·nee

I'm from ...	*Vengo ...*	*ven*·go ...
England	*dall'Inghilterra*	da·leen·geel·*te*·ra
New Zealand	*dalla Nuova*	*da*·la *nwo*·va
	Zelanda	ze·*lan*·da
the USA	*dagli Stati*	*da*·lyee *sta*·tee
	Uniti	oo·*nee*·tee

I'm ...	*Sono ...*	*so*·no ...
married	*sposato/a* m/f	spo·*za*·to/a
separated	*separato/a* m/f	se·pa·*ra*·to/a
single (man)	*celibe*	*che*·lee·be
single (woman)	*nubile*	*noo*·bee·le

Occupations & study

What's your occupation?
Che lavoro fa/fai? pol/inf   ke la·*vo*·ro fa/fai

I'm a/an ...	*Sono ...*	*so*·no ...
manual worker	*manovale* m&f	ma·no·*va*·le
office worker	*impiegato/a* m/f	eem·pye·*ga*·to/a
tradesperson	*operaio/a* m/f	o·pe·*ra*·yo/a

I'm ...	*Sono ...*	*so*·no ...
retired	*pensionato/a* m/f	pen·syo·*na*·to/a
unemployed	*disoccupato/a* m/f	dee·zo·koo·*pa*·to/a

I work in ...	*Lavoro nel campo ...*	la·*vo*·ro nel *kam*·po ...
administration	*dell'amministra-*	de·la·mee·nee·stra·
	zione	tsyo·ne
public relations	*delle relazioni*	de·le re·la·*tsyo*·nee
	pubbliche	*poo*·blee·ke
retail	*della vendità*	de·la ven·dee·*ta*
	al minuto	al mee·*noo*·to
I'm studying ...	*Sto studiando ...*	sto stoo·*dyan*·do ...
arts/humanities	*lettere*	*le*·te·re
business	*commercio*	ko·*mer*·cho
engineering	*ingegneria*	een·je·nye·*ree*·a

Age

How old ...?	*Quanti anni ...?*	*kwan*·tee *a*·nee ...
are you	*ha/hai* pol/inf	a/ai
is your son	*ha Suo figlio*	a *soo*·o *fee*·lyo
is your daughter	*ha Sua figlia*	a *soo*·a *fee*·lya
I'm ... years old.		
Ho ... anni.		o ... *a*·nee

For your age, see the box feature in **LOOK UP**, page 67.

Feelings

I'm ...	*Ho ...*	o ...
I'm not ...	*Non ho ...*	non o ...
Are you ...?	*Ha/Hai ...?* pol/inf	a/ai ...
cold	*freddo*	*fre*·do
hungry	*fame*	*fa*·me
sleepy	*sonno*	*so*·no

I'm ...	*Sono ...*	so·no ...
I'm not ...	*Non sono ...*	non so·no ...
Are you ...?	*È/Sei ...?* pol/inf	e/say ...
embarrassed	*imbarazzato/a* m/f	eem·ba·ra·tsa·to/a
happy	*felice*	fe·lee·che
worried	*preoccupato/a* m/f	pre·o·koo·pa·to/a

Beliefs

I'm ...	*Sono ...*	so·no ...
I'm not ...	*Non sono ...*	non so·no ...
atheist	*ateo/a* m/f	a·te·o/a
Buddhist	*buddista*	boo·dee·sta
Catholic	*cattolico/a* m/f	ka·to·lee·ko/a
Christian	*cristiano/a* m/f	krees·tya·no/a
Hindu	*indù*	een·doo
Jewish	*ebreo/a* m/f	e·bre·o/a
Muslim	*musulmano/a* m/f	moo·sool·ma·no/a
religious	*religioso/a* m/f	re·lee·jo·zo/a

Weather

What's the weather like?
Che tempo fa? ke tem·po fa

It's ...	*Fa ...*	fa ...
cold	*freddo*	fre·do
(very) hot	*(molto) caldo*	(mol·to) kal·do
warm	*bel tempo*	bel tem·po

It's ...		
freezing	*Si gela.*	see je·la
rainy	*Piove.*	pyo·ve
windy	*Tira vento.*	tee·ra ven·to

EXPLORE
Doing the sights

What would you do if you only had one day?
Lei che farebbe se avesse   lay ke fa·*re*·be se a·*ve*·se
solo una giornata?   *so*·lo *oo*·na jor·*na*·ta

Do you have information on local sights?
Avete delle informazioni   a·*ve*·te *de*·le een·for·ma·*tsyo*·nee
su posti locali?   soo *pos*·tee lo·*ka*·lee

I'd like to see ...
Vorrei vedere ...   vo·*ray* ve·*de*·re ...

I have only (one day).
Ho solo (un giorno).   o *so*·lo (oon *jor*·no)

What sights should I definitely see?
Quali posti dovrei   *kwa*·lee *pos*·tee do·*vray*
assolutamente vedere?   a·so·loo·ta·*men*·te ve·*de*·re

What's that?
Cos'è?   ko·*ze*

Who made it?
Chi l'ha fatto?   kee la *fa*·to

How old is it?
Quanti anni ha?   *kwan*·tee *a*·nee a

I'd like a/an ...	*Vorrei ...*	vo·*ray* ...
audio set	*un auricolare*	oo·now·ree·ko·*la*·re
catalogue	*un catalogo*	oon ka·*ta*·lo·go
guide	*una guida*	*oo*·na *gwee*·da
guidebook in	*una guida*	*oo*·na *gwee*·da
English	*in inglese*	een een·*gle*·ze
local map	*una cartina*	*oo*·na kar·*tee*·na
	della zona	*de*·la *dzo*·na

Could you take a photograph of me?
   Può farmi una foto?   pwo *far*·mee *oo*·na *fo*·to

Can I take a photograph?
   Posso fare una foto?   *po*·so *fa*·re *oo*·na *fo*·to

I'll send you the photograph.
   Le spedirò la foto.   le spe·dee·*ro* la *fo*·to

Gallery & museum hopping

When's the ... open?   *A che ora apre ...?*   a ke *o*·ra *a*·pre ...
   gallery   *la galleria*   la ga·le·*ree*·a
   museum   *il museo*   eel moo·*ze*·o

What's in the collection?
   Quali sono le opere   kwa·lee *so*·no le *o*·pe·re
   qui esposte?   kwee es·*pos*·te

It's an exhibition of ...
   È una mostra di ...   e *oo*·na *mos*·tra dee ...

I like the works of ...
   Mi piacciono le opere di ...   mee *pya*·cho·no le *o*·pe·re dee ...

It reminds me of ...
   Mi ricorda ...   mee ree·*kor*·da ...

... art   *l'arte ...*   *lar*·te ...
   byzantine   *bizantina*   bee·dzan·*tee*·na
   futurist   *futurista*   foo·too·*ree*·sta
   Gothic   *gotica*   *go*·tee·ka
   Renaissance   *rinascimentale*   ree·na·shee·men·*ta*·le
   Romanesque   *romanica*   ro·*ma*·nee·ka

Getting in

What's the admission charge?
Quant'è il prezzo   kwan·*te* eel *pre*·tso
d'ingresso?   deen·*gre*·so

It costs (seven euros).
Costa (sette Euro).   *kos*·ta (*se*·te e·*oo*·ro)

What time does it open?
A che ora apre?   a ke *o*·ra *a*·pre

What time does it close?
A che ora chiude?   a ke *o*·ra *kyoo*·de

Is there a discount for ...?	C'è uno sconto per ...?	che *oo*·no *skon*·to per ...
children	bambini	bam·*bee*·nee
families	famiglie	fa·*mee*·lye
groups	gruppi	*groo*·pee
pensioners	pensionati	pen·syo·*na*·tee
students	studenti	stoo·*den*·tee

Tours

Can you recommend a ...?	Può consigliare...?	pwo kon·see·*lya*·re...
boat trip	una gita in barca	*oo*·na *jee*·ta een *bar*·ka
day trip	un'escursione in giornata	oo·nes·koor·*syo*·ne een jor·*na*·ta
tour	una gita turistica	*oo*·na *jee*·ta too·ree·*stee*·ka

When's the next ...?	A che ora parte la prossima ...?	a ke *o*·ra *par*·te la *pro*·see·ma ...
boat trip	gita in barca	*jee*·ta een *bar*·ka
day trip	escursione in giornata	es·koor·*syo*·ne een jor·*na*·ta
tour	gita turistica	*jee*·ta too·*ree*·stee·ka

Is ... included?	È incluso ...?	e een·*kloo*·zo ...
accommodation	l'alloggio	la·*lo*·jo
the admission charge	il prezzo d'ingresso	eel *pre*·tso deen·*gre*·so
food	il vitto	eel *vee*·to
transport	il trasporto	eel tras·*por*·to

Do I need to take ... with me?
Devo portare ... con me?   *de*·vo por·*ta*·re ... kon me

The guide will pay.
La guida pagherà.   la *gwee*·da pa·ge·*ra*

The guide has paid.
La guida ha pagato.   la *gwee*·da a pa·*ga*·to

How long is the tour?
Quanto dura la gita?   *kwan*·to *doo*·ra la *jee*·ta

What time should we be back?
A che ora dovremmo ritornare?   a ke *o*·ra dov·*re*·mo ree·tor·*na*·re

I'm with them.
Sono con loro.   *so*·no kon *lo*·ro

I've lost my group.
Ho perso il mio gruppo.   o *per*·so eel *mee*·o *groo*·po

Have you seen a group of (Australians)?
Ha visto un gruppo di (australiani)?   a *vees*·to oon *groo*·po dee (ows·tra·*lya*·nee)

Top 5 day trips

Sometimes the frenzied pace of Italian cities can get a little overwhelming. For a more relaxing alternative, head out of town to enjoy a quieter, off-the-beaten-track cultural experience.

Top day trip excursions from Rome:

Ostia Antica   os·tee·a an·tee·ka
These ruins of Rome's main port for six centuries provide a fascinating insight into a working Roman town. The deserted city was buried in a river of salt so the remains have been wonderfully well preserved.

Tivoli   tee·vo·lee
The hilltop town of Tivoli was once a popular suburban retreat for prominent Romans. Spend the morning touring the sumptuous Villa Adriana, replete with a fishpond, barracks and temples. In the afternoon you can picnic in the stunning gardens of the Villa d'Este, a pleasure palace built in the mid-16th century.

Top day trip excursions from Florence:

Chianti   kyan·tee
Situated in one of the world's most famous wine regions, the surrounding scenery features castles, villages and villas perched picturesquely on hilltops. Don't leave without visiting a winery and tasting some of Chianti's world-famous wine.

Lucca   loo·ka
Lucca is an excellent place to escape the hustle and bustle of Florence. Check out the dazzling Romanesque church of San Michele and admire the strikingly resplendent mosaic in the church of San Frediano.

Siena   sye·na
Set on three hills and flanked by fertile valleys, Siena is a charming city of medieval turrets and towers. Take a stroll around the magnificent 14th-century piazza in the centre of town.

Top 10 sights

From the sultry south to the metropolitan north, Italy flaunts its many centuries of glorious history. It would take a lifetime to explore all the wonders of Italy's fascinating past, but if you don't have that much time on your hands, make sure you pack in a few of these famous highlights:

Pompeii   pom·*pay*
This world-famous archaeological site near **Naples** is rightly Italy's most popular tourist attraction. Buried after the eruption of Mt Vesuvius in AD 79, the Roman town is still being excavated stone by stone. Spend a day wandering through the Roman streets and let your imagination unfold.

Il Colosseo   eel ko·lo·*say*·o
Once a venue for gory battles between beasts, slaves and gladiators, the Colosseum has become a symbol of **Rome** itself. In its day it could accommodate a staggering 50,000 spectators.

La Città del Vaticano   la chee·*ta* del va·tee·*ka*·no
A must-see for any visitor to **Rome**, the Vatican City is dominated by St Peter's Basilica, a breathtaking structure designed chiefly by Michelangelo. The extensive Vatican museum – boasting magnificent art and curiosities – leads to the Sistine Chapel. Arrive early to beat the crowds.

La Torre Pendente di Pisa   la *to*·re pen·*den*·te dee *pee*·sa
Perhaps the world's most famous architectural disaster, the Leaning Tower of **Pisa** is a sight to behold. The tower is now secure to climb, after a recent 12-year project to prevent it from toppling over completely.

Il Duomo di Firenze   eel *dwo*·mo dee fee·*ren*·tse
Built to show off the wealth and supremacy of Tuscany, the *Duomo* sits impressively in the centre of **Florence**, its marvellous terracotta-coloured dome towering above the surrounding buildings. Climb the adjacent bell tower for an unbeatable panoramic view of the city.

Il Ponte Vecchio   eel *pon*·te *ve*·kyo

Situated in **Florence** on the narrowest point of the river Arno, the *Ponte Vecchio* is a romantic place to visit by day or night. The bridge was once crowded with tanneries and butchers until the 16th century when they were replaced with decorous jewellers that continue to ply their trade here today.

Gli Uffizi   lyee oo·*fee*·tsee

You'll have to get up very early to avoid a long queue for the *Uffizi* in **Florence**, but it's well worth the effort. Drift from room to room gazing at Italy's extraordinary artistic legacy. Even those with little knowledge of art will recognise Botticelli's famous *Birth of Venus* and Titian's *Venus of Urbino* – just two of the hundreds of stunning works on display.

La Basilica di San Marco   la ba·*see*·lee·ka dee san *mar*·ko

Towering imposingly over the *Piazza San Marco*, this grand basilica in **Venice** embodies a magnificent blend of decorative styles. The basilica's diverse architectural influences – ranging from Byzantine to Romanesque, Gothic and Renaissance – point to Venice's unique cosmopolitanism, still in evidence today. The inside of the building is adorned with an incredible array of treasures plundered from the East.

Il Duomo di Milano   eel *dwo*·mo dee mee·*la*·no

This massive cathedral is the centrepiece of **Milan**, a Gothic colossus that took over 400 years to complete. The roof and the facade alone are crammed with 135 spires and 3200 statues.

La Scala   la *ska*·la

The famous opera house of **Milan** with its towering rows of curtained boxes is perhaps one of the most romantic places to experience some of Europe's finest musical talent. If you can't get tickets to the opera at this superb theatre, make sure you visit the adjoined museum which is full of musical oddities such as the plaster cast of Chopin's hands. Admission includes a peep at the theatre's auditorium.

SHOP
Essentials

Where's ... ?	Dov'è ... ?	do·ve ...
a bank	una banca	oo·na ban·ka
a cake shop	una pasticceria	oo·na pa·stee·che·ree·a
a supermarket	un supermercato	oon soo·per·mer·ka·to

Where can I buy ...?
Dove posso comprare ...?
do·ve po·so kom·pra·re ...

I'd like to buy ...
Vorrei comprare ...
vo·ray kom·pra·re ...

Do you have any others?
Ne avete altri?
ne a·ve·te al·tree

Can I look at it?
Posso dare un'occhiata?
po·so da·re oo·no·kya·ta

I'm just looking.
Sto solo guardando.
sto so·lo gwar·dan·do

Could I have it wrapped, please?
Può incartarlo per favore?
pwo een·kar·tar·lo per fa·vo·re

Does it have a guarantee?
Ha la garanzia?
a la ga·ran·tsee·a

Can I have it sent overseas?
Può spedirlo all'estero?
pwo spe·deer·lo a·les·te·ro

Can I pick it up later?
Posso ritirarlo più tardi?
po·so ree·tee·rar·lo pyoo tar·dee

It's faulty/broken.
È difettoso/rotto.
e dee·fe·to·zo/ro·to

I'd like …, please.	Vorrei …, per favore.	vo·ray … per fa·vo·re
my change	il mio resto	eel mee·o res·to
my money back	un rimborso	oon reem·bor·so
to change this	cambiare questo	kam·bya·re kwe·sto
to return this	restituire	res·tee·twee·re
	questo	kwe·sto

Hot shop spots

When good shoppers die they go to Italy, a veritable paradise of great spending options. If your wallet is starting to weigh you down, you can quickly lighten it at these renowned shopping locations:

Piazza di Spagna, Rome — major fashion labels • accessories • jewellery • homeware

Via del Governo Vecchio, Rome — second-hand clothes • upcoming Roman designs

Via dei Coronari, Via Margutta, Rome — antiques • art • unusual souvenirs

Medieval Core, Florence — designer clothes • shoes • jewellery

Oltrano, Florence — local crafts • art

San Polo, Venice — carnavale masks • costumes • ceramics • model gondolas

North of Piazza San Marco, Venice — clothing • shoes • accessories

Golden Quad, Milan — expensive designer clothes • accessories • leather shoes • jewellery

Paying

How much is it?
Quant'è?   kwan·*te*

Can you write down the price?
Può scrivere il prezzo?   pwo *skree*·ve·re eel *pre*·tso

Can I have smaller notes?
Mi può dare banconote   mee pwo *da*·re ban·ko·*no*·te
più piccole?   pyoo *pee*·ko·le

That's too expensive.
È troppo caro.   e *tro*·po *ka*·ro

Can you lower the price?
Può farmi lo sconto?   pwo *far*·mee lo *skon*·to

Do you have something cheaper?
Ha qualcosa di   a kwal·*ko*·za dee
meno costoso?   *me*·no kos·*to*·zo

Do you accept ...?	*Accettate ...?*	a·che·*ta*·te ...
credit cards	*la carta di credito*	la *kar*·ta dee *kre*·dee·to
debit cards	*la carta di debito*	la *kar*·ta dee *de*·bee·to
travellers cheques	*gli assegni di viaggio*	lyee a·*se*·nyee dee vee·*a*·jo

I'd like ..., please.	*Vorrei ..., per favore.*	vo·*ray* ... per fa·*vo*·re
a receipt	*una ricevuta*	*oo*·na ree·che·*voo*·ta
my change	*il mio resto*	eel *mee*·o *res*·to
my money back	*un rimborso*	oon reem·*bor*·so

For phrases about banking, see **SERVICES**, page 42.

Clothes & shoes

I'm looking for ...	Sto cercando ...	sto cher·kan·do ...
jeans	dei jeans	day jeens
shoes	delle scarpe	de·le skar·pe
underwear	della biancheria	de·la byan·ke·ree·a
	intima	een·tee·ma

Can I try it on?
Potrei provarmelo?   po·tray pro·var·me·lo

My size is (42).
Sono una taglia   so·no oo·na ta·lya
(quarantadue).   (kwa·ran·ta·doo·e)

It doesn't fit.
Non va bene.   non va be·ne

small	piccola	pee·ko·la
medium	media	me·dya
large	forte	for·te

It's too ...	È troppo ...	e tro·po
big	grande	gran·de
small	piccolo	pee·ko·lo
tight	stretto	stre·to

Books & music

Is there an English-language bookshop?
C'è una libreria   che oo·na lee·bre·ree·a
specializzata in   spe·cha·lee·dza·ta een
lingua inglese?   leen·gwa een·gle·ze

Is there an English-language section?
C'è una sezione di   che oo·na se·tsyo·ne dee
lingua inglese?   leen·gwa een·gle·ze

Do you have a/an ...	Avete ...	a·ve·te
book by ...	un libro di ...	oon lee·bro dee ...
entertainment guide	una guida agli spettacoli	oo·na gwee·da a·lyee spe·ta·ko·lee
I'd like a ...	Vorrei ...	vo·ray ...
map (city)	una pianta della città	oo·na pyan·ta de·la chee·ta
map (road)	una cartina stradale	oo·na kar·tee·na stra·da·le
newspaper (in English)	un giornale (in inglese)	oon jor·na·le (een een·gle·ze)
pen	una penna	oo·na pe·na
postcard	una cartolina	oo·na kar·to·lee·na
I'd like (a) ...	Vorrei ...	vo·ray ...
blank tape	una cassetta vuota	oo·na ka·se·ta vwo·ta
CD	un cidì	oon chee·dee
headphones	delle cuffia	de·le koo·fya

I'm looking for a CD by ...

Sto cercando un cidì di ...

sto cher·kan·do un chee·dee dee ...

I heard a group called ...

Ho sentito un gruppo chiamato ...

o sen·tee·to oon groo·po kya·ma·to ...

What's his/her best recording?

Qual'è la sua migliore incisione?

kwa·le la soo·a mee·lyo·re een·chee·zyo·ne

Can I listen to it here?

Potrei ascoltarlo qui?

po·tray as·kol·tar·lo kwee

24

Photography

I need a/an …	*Vorrei un rullino*	vo·*ray* oon roo·*lee*·no
film for this	… *per questa*	… per *kwe*·sta
camera.	*macchina*	ma·kee·na
	fotografica.	fo·to·*gra*·fee·ka
APS	*da APS*	da a·pee·e·se
B&W	*in bianco e nero*	een *byan*·ko e *ne*·ro
colour	*a colori*	a *ko*·lo·ree
(200) speed	*da (duecento)*	da (*doo*·e *chen*·to)
	ASA	a·za
Could you …?	*Potrebbe …?*	po·*tre*·be …
develop this	*sviluppare*	svee·loo·*pa*·re
film	*questo rullino*	*kwe*·sto roo·*lee*·no
load my film	*inserire il*	een·se·*ree*·re eel
	mio rullino	*mee*·o roo·*lee*·no

How much is it to develop this film?
Quanto costa sviluppare   *kwan*·to *kos*·ta svee·loo·*pa*·re
questo rullino?   *kwe*·sto roo·*lee*·no

When will it be ready?
Quando sarà pronto?   *kwan*·do sa·*ra pron*·to

Do you have one-hour processing?
Si offre il servizio   see *o*·fre eel ser·*vee*·tsyo
sviluppo e stampa in   svee·*loo*·po e *stam*·pa een
un ora?   oon *o*·ra

I'm not happy with these photos.
Non mi piacciono   non mee *pya*·cho·no
queste foto.   *kwe*·ste *fo*·to

25

ENJOY
What's on?

What's on ...?	Che c'è in programma ...?	ke che een pro·gra·ma ...
locally	in zona	een dzo·na
this	questo fine	kwe·sto fee·ne
weekend	settimana	se·tee·ma·na
today	oggi	o·jee
tonight	stasera	sta·se·ra
Where are the ...?	Dove sono ...?	do·ve so·no ...
clubs	dei clubs	day kloob
gay hangouts	dei locali gay	day lo·ka·lee gei
places to eat	i posti in cui mangiare	ee pos·tee een koo·ee man·ja·re
pubs	dei pub	day poob
Is there a local ... guide?	C'è una guida ... in questa città?	che oo·na gwee·da ... een kwe·sta chee·ta
entertainment	agli spettacoli	a·lyee spe·ta·ko·lee
film	ai film	ai feelm
I feel like going to ...	Ho voglia d'andare ...	o vo·lya dan·da·re ...
the ballet	a un balletto	a oon ba·le·to
a bar	a un locale	a oon lo·ka·le
a café	a un bar	a oon bar
a concert	a un concerto	a oon kon·cher·to
a nightclub	in un locale notturno	een oon lo·ka·le no·toor·no
the opera	all'opera	a·lo·pe·ra
a restaurant	in un ristorante	een oon rees·to·ran·te
the theatre	a teatro	a te·a·tro

Meeting up

What time shall we meet?
A che ora ci vediamo?   a ke *o*·ra chee ve·*dya*·mo

Where will we meet?
Dove ci vediamo?   *do*·ve chee ve·*dya*·mo

Let's meet at ...	*Incontriamoci ...*	een·kon·*trya*·mo·chee ...
(eight) o'clock	*alle (otto)*	*a*·le (*o*·to)
the entrance	*all'entrata*	a·len·*tra*·ta

Small talk

What do you do in your spare time?
Cosa fai nel tuo tempo   *ko*·za fai nel *too*·o *tem*·po
libero?   *lee*·be·ro

Do you like to ...?	*Ti piace ...?*	tee pya·che ...
I (don't) like to ...	*(Non) Mi piace ...*	(non) mee *pya*·che...
dance	*ballare*	ba·*la*·re
go to concerts	*andare ai*	an·*da*·re ai
	concerti	kon·*cher*·tee
listen to music	*ascoltare la*	as·kol·*ta*·re la
	musica	*moo*·zee·ka

I (don't) like ...	*(Non) mi piacciono ...*	(non) mee *pya*·cho·no ...
action movies	*i film d'azione*	ee feelm da·*tsyo*·ne
Italian films	*i film*	ee feelm
	italiani	ee·tal·*ya*·nee
sci-fi films	*i film di*	ee feelm dee
	fantascienza	fan·ta·*shen*·tsa

EAT & DRINK

breakfast	*prima colazione* f	pree·ma ko·la·*tsyo*·ne
lunch	*pranzo* m	*pran*·dzo
dinner	*cena* f	*che*·na
snack	*spuntino* m	spoon·*tee*·no

Choosing & booking

Where would you go for a celebration?

| *Dove andrebbe per una celebrazione?* | *do*·ve an·*dre*·be per *oo*·na che·le·bra·*tsyo*·ne |

Can you recommend a ...	*Potrebbe consigliare un ...*	po·*tre*·be kon·see·*lya*·re oon ...
bar	*locale*	lo·*ka*·le
café	*bar*	bar
restaurant	*ristorante*	rees·to·*ran*·te

Where would you go for ...?	*Dove andrebbe per ...*	*do*·ve an·*dre*·be per ...
a cheap meal	*un pasto economico*	oon *pas*·to e·ko·*no*·mee·ko
local specialities	*le specialità locali*	le spe·cha·lee·*ta* lo·*ka*·lee

I'd like ..., please.	*Vorrei ..., per favore.*	vo·*ray* ... per fa·*vo*·re
a table for (four)	*un tavolo per (quattro)*	oon *ta*·vo·lo per (*kwa*·tro)
the (non) smoking section	*(non) fumatori*	(non) foo·ma·*to*·ree

28

Eateries

With such a diverse selection of fantastic places to eat, you'll never go hungry in Italy. Sample the local flavour at some of these cheap and cheerful eateries:

bar/caffè   bar/ka·*fe*
a cafe that serves drinks but also offers light meals such as bread rolls and snacks

osteria/trattoria   os·te·*ree*·a/tra·to·*ree*·a
a local eatery providing simple food and regional specialities

paninoteca   pa·nee·no·*te*·ka
a snack shop that serves delicious sandwiches made with cheese and cold meats

tavola calda   ta·vo·la kal·da
a buffet offering local specialities, pizza, roasted meats and salads

pizzeria   pee·tse·*ree*·a
a cheap restaurant specialising in pizza and calzoni (a folded pizza dish), usually prepared in a woodfired oven

ristorante   ree·sto·*ran*·te
a sophisticated eatery – expect a high standard of service, a more expensive menu and an extensive winelist

Ordering

What would you recommend?

  Cosa mi consiglia?   ko·za mee kon·*see*·lya

I'd like …, please.	Vorrei …, per favore.	vo·ray … per fa·vo·re
the bill	il conto	eel kon·to
the menu	il menù	eel me·noo
the wine list	la lista dei vini	la lee·sta day vee·nee

I'd like ..., please.	Vorrei ..., per favore.	vo·ray ... per fa·vo·re
the chicken	il pollo	eel po·lo
a napkin	un tovagliolo	oon to·va·lyo·lo
pepper	il pepe	eel pe·pe
salt	il sale	eel sa·le
the set menu	il menù fisso	eel me·noo fee·so

I'd like it ...	Lo vorrei ...	lo vo·ray ...
medium	non troppo cotto	non tro·po ko·to
rare	al sangue	al san·gwe
well-done	ben cotto	ben ko·to
without sauce/ dressing	senza salsa/ condimento	sen·tsa sal·sa/ kon·dee·men·to

Nonalcoholic drinks

(cup of) coffee	(un) caffè m	(oon) ka·fe
(cup of) tea	(un) tè m	(oon) te
... with milk	... con latte	... kon la·te
... without/with (sugar)	... senza/con (zucchero)	... sen·tsa/kon (tsoo·ke·ro)

orange juice (bottled)	succo m d'arancia	soo·ko da·ran·cha
orange juice (fresh)	spremuta f d'arancia	spre·moo·ta da·ran·cha
soft drink	bibita f	bee·bee·ta

... water	acqua f ...	a·kwa ...
hot	calda	kal·da
sparkling mineral	frizzante	free·tsan·te
still mineral	naturale	na·too·ra·le

Caffè della casa

Love the smell of coffee in the morning? Italy is a caffeine-addict's dream with more ways of making the humble brew than you can shake a spoon at:

caffè alla valdostana ka·fe *a*·la val·dos·*ta*·na
with grappa, lemon peel and spices

caffè americano ka·fe a·me·ree·*ka*·no
long and black

caffè corretto ka·fe ko·*re*·to
with a dash of liqueur

caffè doppio ka·fe *do*·pyo
long, strong and black

caffè macchiato ka·fe ma·*kya*·to
strong with a drop of milk

caffè ristretto ka·fe ree·*stre*·to
short, black and super strong

caffellate ka·fe·*la*·te
with milk – usually consumed at breakfast

cappuccino ka·poo·*chee*·no
prepared with milk, served with a lot of froth – considered a morning drink

espresso es·*pre*·so
short black

Alcoholic drinks

beer	*birra* f	*bee*·ra
brandy	*cognac* m	*ko*·nyak
champagne	*champagne* m	sham·*pa*·nye
cocktail	*cocktail* m	*kok*·tayl

a ... of beer	... di birra	... dee bee·ra
bottle	una bottiglia	oo·na bo·tee·lya
glass	un bicchiere	oon bee·kye·re

a bottle of	una bottiglia	oo·na bo·tee·lya
... wine	di vino ...	dee vee·no ...
a glass of	un bicchiere	oon bee·kye·re
... wine	di vino ...	dee vee·no ...
red	rosso	ro·so
sparkling	spumante	spoo·man·te
white	bianco	byan·ko

| a shot of (whisky) | | |
| un sorso di (whisky) | | oon sor·so dee (wee·skee) |

In the bar

I'll have (a gin).	Prendo (un gin).	pren·do (oon jeen)
Same again, please.	Un altro, per favore.	oo·nal·tro per fa·vo·re
I'll buy you a drink.	Ti offro da bere.	tee of·ro da be·re
What would you like?	Cosa prendi?	ko·za pren·dee
It's my round.	Offro io.	of·ro ee·o
Cheers!	Salute!	sa·loo·te

Buying food

What's the local speciality?

| Qual'è la specialità | kwa·le la spe·cha·lee·ta |
| di questa regione? | dee kwe·sta re·jo·ne |

What's that?

| Cos'è? | ko·ze |

How much is (a kilo)?
Quanto costa (un chilo)?   kwan·to kos·ta (oon kee·lo)

I'd like some of that.
Mi piacerebbe un po' di quello.   mee pya·che·re·be oon po dee kwe·lo

I'd like some of those.
Vorrei un po' di quelli.   vo·ray oon po di kwe·lee

I'd like ...	*Vorrei ...*	vo·ray ...
100g	*un etto*	oo·ne·to
(two) kilos	*(due) chili*	(doo·e) kee·lee
(three) pieces	*(tre) pezzi*	(tre) pe·tsee
(six) slices	*(sei) fette*	(say) fe·te

Enough, thanks.
Basta, grazie.   bas·ta gra·tsye

A bit more, please.
Un po' di più, per favore.   oon po dee pyoo per fa·vo·re

Less, please.
Meno, per favore.   me·no per fa·vo·re

Special diets & allergies

Is there a (vegetarian) restaurant near here?
C'è un ristorante   che oon rees·to·ran·te
(vegetariano) qui vicino?   (ve·je·ta·rya·no) kwee vee·chee·no

Do you have (vegetarian) food?
Avete piatti (vegetariani)?   a·ve·te pya·tee (ve·je·ta·rya·nee)

Could you prepare	*Potreste preparare*	po·tres·te pre·pa·ra·re
a meal without ...?	*un pasto senza ...?*	oon pas·to sen·tsa ...
butter	*burro*	boo·ro
eggs	*uova*	wo·va
meat stock	*brodo di carne*	bro·do dee kar·ne

I'm …	Sono …	so·no …
vegan	vegetaliano/a m/f	ve·je·ta·*lya*·no/a
vegetarian	vegetariano/a m/f	ve·je·ta·*rya*·no/a

I'm allergic to …	Sono allergico/a … m/f	so·no a·*ler*·jee·ko/a …
caffeine	alla caffeina	a·la ka·fe·*yee*·na
dairy produce	ai latticini	ai la·tee·*chee*·nee
eggs	alle uova	a·le *wo*·va
gluten	al glutine	al *gloo*·tee·ne
nuts	alle noci	a·le *no*·chee
seafood	ai frutti di mare	ai froo·tee dee *ma*·re

For more on allergies see **HELP**, page 66 and **LOOK UP**, page 70.

On the menu

Antipasti	an·tee·*pas*·tee	appetisers
Zuppe	*tsoo*·pe	soups
Primi (piatti)	*pree*·mee (*pya*·tee)	entrees
Insalate	een·sa·*la*·te	salads
Secondi (piatti)	se·*kon*·dee (*pya*·tee)	main courses
Dolci	*dol*·chee	desserts
Bevande	be·*van*·de	drinks
Aperitivi	a·pe·ree·*tee*·vee	aperitifs
Liquori	lee·*kwo*·ree	spirits
Birre	*bee*·re	beers
Vini Frizzanti	*vee*·nee free·*tsan*·tee	sparkling wines
Vini Bianchi	*vee*·nee *byan*·kee	white wines
Vini Rossi	*vee*·nee *ro*·see	red wines
Vini da Dessert	*vee*·nee da de·*sert*	dessert wines

For more help reading the menu, see the **Menu decoder** on the next page.

Menu decoder

acciughe f pl	a·*choo*·ge	anchovies
aceto m	a·*che*·to	vinegar
affumicato/a m/f	a·foo·mee·*ka*·to/a	smoked
aglio m	*a*·lyo	garlic
agnello m	a·*nye*·lo	lamb
al dente	al *den*·te	'to the tooth' – describes cooked pasta & rice that are still slightly hard
al forno	al *for*·no	cooked in an oven
al sangue	al *san*·gwe	rare
al vapore	al va·*po*·re	steamed
alla diavola	a·la *dya*·vo·la	spicy dish
alla napoletana	a·la na·po·le·*ta*·na	from or in the style of Naples – usually includes tomatoes & garlic
all'amatriciana	al a·ma·tree·*cha*·na	spicy sauce with salami, tomato, capsicums & cheese
all'arrabbiata	al a·ra·*bya*·ta	'angry-style' – with spicy sauce
antipasto m	an·tee·*pas*·to	appetisers • hors d'oeuvres
aragosta f	a·ra·*go*·sta	lobster • crayfish
arancini m pl	a·ran·*chee*·nee	rice balls stuffed with a meat mixture
aringa f	a·*reen*·ga	herring
arista f	a·*ree*·sta	cured, cooked pork meat

35

aromi m pl	a·*ro*·mee	aromatic herbs • spices
babà m	ba·*ba*	dessert containing sultanas
baccalà m	ba·ka·*la*	dried salted cod
baci m pl	*ba*·chee	'kisses' – type of chocolate • type of pastry or biscuit
bagna f *cauda*	*ban*·ya *cow*·da	anchovy, olive oil & garlic dip served with raw vegetables
basilico m	ba·*zee*·lee·ko	basil
ben cotto/a m/f	ben *ko*·to/a	well done
besciamella f	be·sha·*me*·la	white sauce
bistecca f	bees·*te*·ka	steak
bollito/a m/f	bo·*lee*·to/a	boiled
braciola f	bra·*cho*·la	chop
brioche m	bree·*osh*	breakfast pastry
brodo m	*bro*·do	broth
bruschetta f	broos·*ke*·ta	toasted bread with olive oil & various toppings
budino m	boo·*dee*·no	milk-based pudding
busecca f	boo·*ze*·ka	tripe
cacciucco m	ka·*choo*·ko	seafood stew with wine, garlic & herbs
calzone m	kal·*tso*·ne	fried or baked flat bread made with two thin sheets of pasta stuffed with any number of ingredients
cannella f	ka·*ne*·la	cinnamon

cannelloni m pl	ka·ne·*lo*·nee	tubes of pasta stuffed with spinach, minced roast veal, ham, eggs, parmesan & spices
cantarelli m pl	kan·ta·*re*·lee	chanterelle mushrooms
cantucci m pl	kan·*too*·chee	crunchy, hard biscuits made with aniseed & almonds
caponata f	ka·po·*na*·ta	eggplant with a tomato sauce
carciofi m pl	kar·*cho*·fee	artichokes
ciabatta f	cha·*ba*·ta	crisp, flat & long bread
cioccolato m	cho·ko·*la*·to	chocolate
coda f	*ko*·da	tail • angler fish
conchiglie f pl	kon·*kee*·lye	pasta shells
condimento m	kon·dee·*men*·to	condiment • seasoning • dressing
contorni m pl	kon·*tor*·nee	side dishes • vegetables
costine f pl	kos·*tee*·ne	ribs
cozze f pl	*ko*·tse	mussels
crespella f	kres·*pe*·la	thin fritter
crostata f	kro·*sta*·ta	fruit tart • crust
crostini m pl	kro·*stee*·nee	slices of bread toasted with savoury toppings
crudo/a m/f	*kroo*·do/a	raw
della casa	de·la *ka*·za	'of the house' – house speciality
dolce m	*dol*·che	dessert • sweet
erbe f pl	*er*·be	herbs
fagiano m	fa·*ja*·no	pheasant

fagioli m pl	fa·*jo*·lee	beans
farcito/a m/f	far·*chee*·to/a	stuffed
farfalle f pl	far·*fa*·le	butterfly-shaped pasta
farinata f	fa·ree·*na*·ta	thin, flat bread made from chickpea flour
fetta f	*fe*·ta	a slice
fettuccine f pl	fe·too·*chee*·ne	long ribbon-shaped pasta
filetto m	fee·*le*·to	fillet
focaccia f	fo·*ka*·cha	flat bread often filled/topped with cheese, ham, vegetables & other ingredients
formaggio m	for·*ma*·jo	cheese
fragole f pl	*fra*·go·le	strawberries
fresco/a m/f	*fres*·ko/a	fresh
frittata f	free·*ta*·ta	thick omelette slice, served hot or cold
frittelle f pl	free·*te*·le	fritters
fritto/a m/f	*free*·to/a	fried
frumento m	froo·*men*·to	wheat
frutta f	*froo*·ta	fruit
frutti m pl *di mare*	*froo*·tee dee *ma*·re	seafood
funghi m pl	*foon*·gee	mushrooms
gambero m	*gam*·be·ro	prawn • shrimp
gamberoni m pl	gam·be·*ro*·nee	prawns
gelato m	je·*la*·to	ice cream
gnocchi m pl	*nyo*·kee	small dumplings – most commonly potato dumplings

38

gorgonzola f	gor·gon·*dzo*·la	spicy, sweet, creamy blue vein cow's-milk cheese
granita f	gra·*nee*·ta	finely crushed flavoured ice
grappa f	*gra*·pa	distilled grape must
insalata f	een·sa·*la*·ta	salad
involtini m pl	een·vol·*tee*·nee	stuffed rolls of meat or fish
lenticchie f pl	len·*tee*·kye	lentils
lievito m	*lye*·vee·to	yeast
limone m	lee·*mo*·ne	lemon
lingua f	*leen*·gwa	tongue
linguine f pl	leen·*gwee*·ne	long thin ribbons of pasta
luganega f	loo·*ga*·ne·ga	pork sausage
lumache f pl	loo·*ma*·ke	snails
maccheroni m pl	ma·ke·*ro*·nee	any tube pasta
marinato/a m/f	ma·ree·*na*·to/a	marinated
mascarpone m	mas·kar·*po*·ne	very soft & creamy cheese
melanzane f pl	me·lan·*dza*·ne	eggplants • aubergines
minestra f	mee·*ne*·stra	general word for soup
minestrone m	mee·ne·*stro*·ne	traditional vegetable soup
misto/a m/f	*mees*·to/a	mixed
noce m	*no*·che	nut • walnut
non troppo cotto/a m/f	non *tro*·po *ko*·to/a	medium rare
olio m	*o*·lyo	oil – almost always olive oil
ossobuco m	o·so·*boo*·ko	veal shanks
ostriche f pl	*os*·tree·ke	oysters
pancetta f	pan·*che*·ta	salt-cured bacon
pane m	*pa*·ne	bread
panino m	pa·*nee*·no	bread roll

panzanella f	pan·tsa·*ne*·la	tomato, onion, garlic, olive oil, bread & basil salad
patate f pl	pa·*ta*·te	potatoes
pecorino m	pe·ko·*ree*·no	hard & spicy cheese
(romano)	(ro·*ma*·no)	made from ewe's milk
penne f pl	*pe*·ne	short & tubular pasta
peperoncini m pl	pe·pe·ron·*chee*·nee	hot chilli
peperoni m pl	pe·pe·*ro*·nee	peppers • capsicum
pesto m	*pes*·to	paste made from garlic, basil, pine nuts & parmesan/cheese
poco cotto/a m/f	*po*·ko ko·to/a	rare
polenta f	po·*len*·ta	corn meal porridge
polpette m	pol·*pe*·te	meatballs
pomodori m pl	po·mo·*do*·ree	tomatoes
prosciutto m	pro·*shoo*·to	basic name for many types of thinly sliced ham
quattro formaggi	*kwa*·tro for·*ma*·jee	pasta sauce with four different cheeses
quattro stagioni	*kwa*·tro sta·*jo*·nee	pizza with different toppings on each quarter
ragù m	ra·*goo*	generally a meat sauce but sometimes vegetarian
ravioli m pl	ra·vee·*o*·lee	pasta squares usually stuffed with meat, parmesan cheese & breadcrumbs
rigatoni m pl	ree·ga·*to*·nee	short, fat tubes of pasta
ripieno m	ree·*pye*·no	stuffing
riso m	*ree*·zo	rice

risotto m	ree·*zo*·to	rice dish slowly cooked in broth to a creamy consistency
rucola f	*roo*·ko·la	rocket
salsa f	*sal*·sa	sauce
salsiccia f	sal·*see*·cha	sausage
spaghetti m pl	spa·*ge*·tee	ubiquitous long thin strands of pasta
spalla f	*spa*·la	shoulder
speck m	spek	type of smoked ham
suppa f	*soo*·pa	soup
tacchino m	ta·*kee*·no	turkey
tagliatelle f	ta·lya·*te*·le	long, ribbon-shaped pasta
tartufo m	tar·*too*·fo	truffle (very expensive kind of mushroom)
tiramisù m	tee·ra·mee·*soo*	sponge cake soaked in coffee & arranged in layers with mascarpone, then sprinkled with cocoa
torta f	*tor*·ta	cake • tart • pie
tortellini m pl	tor·te·*lee*·nee	pasta filled with meat, parmesan & egg
uova m pl	*wo*·va	eggs
uva f pl	*oo*·va	grapes
verdure f pl	ver·*doo*·re	vegetables
vino m *della casa*	*vee*·no *de*·la *ka*·sa	house wine
vitello m	vee·*te*·lo	veal
vongole f pl	*von*·go·le	clams
zucca f	*tsoo*·ka	pumpkin
zucchero m	*tsoo*·ke·ro	sugar
zuppa f	*tsoo*·pa	soup

SERVICES
Post office

I want to send a ...	*Vorrei mandare un/una ...* m/f	vo·*ray* man·*da*·re oon/*oo*·na ...
fax	*fax* m	faks
letter	*lettera* f	*le*·te·ra
parcel	*pacchetto* m	pa·*ke*·to
postcard	*cartolina* f	kar·to·*lee*·na
I want to buy ...	*Vorrei comprare ...*	vo·*ray* kom·*pra*·re ...
an aerogram	*un aerogramma*	oo·na·e·ro·*gra*·ma
an envelope	*una busta*	*oo*·na *boo*·sta
stamps	*dei francobolli*	day fran·ko·*bo*·lee
Please send it (to Australia) by ...	*Lo mandi ... (in Australia), per favore.*	lo *man*·dee ... (ee·now·*stra*·lya) per fa·*vo*·re
airmail	*via aerea*	*vee*·a a·*e*·re·a
express mail	*posta prioritaria*	*pos*·ta pryo·ree·*ta*·rya
regular mail	*posta ordinaria*	*pos*·ta or·dee·*na*·rya
sea mail	*via* f *mare*	*vee*·a *ma*·re

Bank

Where's the nearest ...?	*Dov'è ... più vicino?*	do·*ve* ... pyoo vee·*chee*·no
automatic teller machine	*il Bancomat*	eel *ban*·ko·mat
foreign exchange office	*il cambio*	eel *kam*·byo

I'd like to ...	*Vorrei ...*	vo·*ray* ...
Where can I ...?	*Dove posso ...?*	*do*·ve *po*·so ...
arrange a transfer	*trasferire*	tras·fe·*ree*·re
	soldi	*sol*·dee
cash a cheque	*riscuotere*	ree·*skwo*·te·re
	un assegno	oo·na·*se*·nyo
change money	*cambiare denaro*	kam·*bya*·re de·*na*·ro
change a travellers	*cambiare un*	kam·*bya*·re
cheque	*assegno*	oo·na·*se*·nyo
	di viaggio	dee vee·*a*·jo
get a cash advance	*prelevare con*	pre·le·*va*·re kon
	carta di credito	*kar*·ta dee *kre*·dee·to
withdraw money	*fare un prelievo*	*fa*·re oon pre·*lye*·vo
What's the ...?	*Quant'è ...?*	kwan·*te* ...
commission	*la commissione*	la ko·mee·*syo*·ne
exchange rate	*il cambio*	eel *kam*·byo

What's the charge for that?
Quanto costa?   kwan·to kos·ta

What time does the bank open?
A che ora apre la banca?   a ke o·ra a·pre la ban·ka

Phone

What's your phone number?
Qual'è il Suo/tuo numero   kwa·le eel soo·o/too·o noo·me·ro
di telefono? pol/inf   dee te·le·fo·no

Where's the nearest public phone?
Dov'è il telefono pubblico   do·ve eel te·le·fo·no poo·blee·ko
più vicino?   pyoo vee·chee·no

43

I want to make a ...	Vorrei fare ...	vo·ray fa·re ...
call	una chiamata	oo·na kya·ma·ta
local call	una chiamata locale	oo·na kya·ma·ta lo·ka·le
reverse-charge/ collect call	una chiamata a carico del destinatario	oo·na kya·ma·ta a ka·ree·ko del des·tee·na·ta·ryo

How much does ... cost?	Quanto costa ...?	kwan·to kos·ta ...
a (three)-minute call	una telefonata di (tre) minuti	oo·na te·le·fo·na·ta dee (tre) mee·noo·tee
each extra minute	ogni minuto in più	o·nyee mee·noo·to een pyoo

I'd like to buy a phonecard.
Vorrei comprare una scheda telefonica.
vo·ray kom·pra·re oo·na ske·da te·le·fo·nee·ka

The number is ...
Il numero è ...
eel noo·me·ro e ...

Can I speak to ...?
Posso parlare con ...?
po·so par·la·re kon ...

Please tell him/her I called.
Gli/Le dica che ho telefonato, per favore.
lyee/le dee·ka ke o te·le·fo·na·to per fa·vo·re

Mobile/cell phone

What are the rates?
Quali sono le tariffe?
kwa·lee so·no le ta·ree·fe

(30c) per (30) seconds.
(Trenta centesimi) per (trenta) secondi.
(tren·ta chen·te·zee·mee) per (tren·ta) se·kon·dee

I'd like a/an ...	Vorrei ...	vo·ray ...
adaptor plug	un adattatore	oo·na·da·ta·to·re
charger for my phone	un carica-batterie	oon ka·ree·ka·ba·te·ree·e
mobile phone/ cellphone for hire	un cellulare da noleggiare	oon che·loo·la·re da no·le·ja·re
prepaid mobile phone/cellphone	un cellulare prepagato	oon che·loo·la·re pre·pa·ga·to
SIM card for your network	un SIM card per la rete telefonica	oon seem kard per la re·te te·le·fo·nee·ka

Internet

Where's the local internet cafe?
Dove si trova l'Internet point? do·ve see tro·va leen·ter·net poynt

How much per hour?
Quanto costa all'ora? kwan·to kos·ta a·lo·ra

How much per page?
Quanto costa a pagina? kwan·to kos·ta a pa·jee·na

Can you help me change to English-language preference?
Mi può aiutare a cambiare la lingua in inglese mee pwo ai·yoo·ta·re a kam·bya·re la leen·gwa een een·gle·ze

It's crashed.
Si è bloccato. see e blo·ka·to

I'd like to ...	Vorrei ...	vo·ray ...
check my email	controllare le mie email	kon·tro·la·re le mee·e e·mayl
get internet access	usare internet	oo·za·re een·ter·net
use a printer	usare una stampante	oo·za·re oo·na stam·pan·te

GO
Directions

Where's the ...?	Dov'è ...?	do·ve ...
bank	la banca	la ban·ka
hotel	l'albergo	lal·ber·go
police station	il posto di	eel pos·to dee
	polizia	po·lee·tsee·a

Can you show me (on the map)?
Può mostrarmi (sulla pianta)? pwo mos·trar·mee (soo·la pyan·ta)

What's the address?
Qual'è l'indirizzo? kwa·le leen·dee·ree·tso

How do I get there?
Come ci si arriva? ko·me chee see a·ree·va

How far is it?
Quant'è distante? kwan·te dees·tan·te

It's ...	È ...	e ...
behind ...	dietro ...	dye·tro ...
far away	lontano	lon·ta·no
here	qui	kwee
in front of ...	davanti a ...	da·van·tee a ...
left	a sinistra	a see·nee·stra
near (to ...)	vicino (a ...)	vee·chee·no (a ...)
next to ...	accanto a ...	a·kan·to a ...
on the corner	all'angolo	a lan·go·lo
opposite ...	di fronte a ...	dee fron·te a ...
right	a destra	a de·stra
straight ahead	sempre diritto	sem·pre dee·ree·to
there	là	la

It's ...	È a ...	e a ...
(100) metres	(cento) metri	(chen·to) me·tree
(10) minutes	(dieci) minuti	(dye·chee) mee·noo·tee

Turn ...	Giri ...	jee·ree ...
at the corner	all'angolo	a·lan·go·lo
at the traffic lights	al semaforo	al se·ma·fo·ro
left	a sinistra	a see·nee·stra
right	a destra	a de·stra

by bus	con l'autobus	kon low·to·boos
on foot	a piedi	a pye·dee
by metro	con la metropolitana	kon la me·tro·po·lee·ta·na
by taxi	con il tassì	ko·neel ta·see
by train	con il treno	ko·neel tre·no

north	al nord	al nord
south	al sud	al sood
east	all'est	al·est
west	all'ovest	al·o·vest

Getting around

What time does the ... leave?	A che ora parte ...?	a ke o·ra par·te ...
boat	la nave	la na·ve
bus	l'autobus	low·to·boos
metro	la metropolitana	la me·tro·po·lee·ta·na
plane	l'aereo	la·e·re·o
train	il treno	eel tre·no

What time's	A che ora passa	a ke o·ra pa·sa
the ... bus?	... autobus	... ow·to·boos
first	il primo	eel pree·mo
last	l'ultimo	lool·tee·mo
next	il prossimo	eel pro·see·mo

How many stops to ...?
Quante fermate mancano ...? kwan·te fer·ma·te man·ka·no ...

Is this seat free?
È libero questo posto? e lee·be·ro kwe·sto pos·to

That's my seat.
Quel posto è mio. kwel pos·to e mee·o

Can you tell me when we get to ...?
Mi sa dire quando mee sa dee·re kwan·do
arriviamo a ...? a·ree·vya·mo a ...

I want to get off ...	Voglio scendere ...	vo·lyo shen·de·re ...
at the Colosseum	al Colosseo	al ko·lo·se·o
here	qui	kwee

Tickets & luggage

Where can I buy a ticket?
Dove posso comprare un do·ve po·so kom·pra·re oon
biglietto? bee·lye·to

Do I need to book (a seat)?
Bisogna prenotare bee·zo·nya pre·no·ta·re
(un posto)? (oon pos·to)

How long does the trip take?
Quanto ci vuole? kwan·to chee vwo·le

2

English	Italian	Pronunciation
I'd like to ... my ticket, please.	Vorrei ... il mio biglietto, per favore.	vo·*ray* ... eel *mee*·o bee·*lye*·to per fa·*vo*·re
cancel	cancellare	kan·che·*la*·re
change	cambiare	kam·*bya*·re
collect	ritirare	ree·tee·*ra*·re
confirm	confermare	kon·fer·*ma*·re
How much is it?	Quant'è?	kwan·*te*
One ... ticket (to Rome), please.	Un biglietto ... (per Roma), per favore.	oon bee·*lye*·to ... (per *ro*·ma) per fa·*vo*·re
1st-class	di prima classe	dee *pree*·ma *kla*·se
2nd-class	di seconda classe	dee se·*kon*·da *kla*·se
child's	per bambini	per bam·*bee*·nee
one-way	di sola andata	dee *so*·la an·*da*·ta
return	di andata e ritorno	dee an·*da*·ta e ree·*tor*·no
student's	per studenti	per stoo·*den*·tee
I'd like a/an ... seat, please.	Vorrei un posto ..., per favore.	vo·*ray* oon *pos*·to ... per fa·*vo*·re
aisle	sul corridoio	sool ko·ree·*do*·yo
nonsmoking	per non fumatori	per non foo·ma·*to*·ree
smoking	per fumatori	per foo·ma·*to*·ree
window	vicino al finestrino	vee·*chee*·no al fee·nes·*tree*·no

Is there air-conditioning?
C'è l'aria condizionata? — che *la*·rya kon·dee·tsyo·*na*·ta

Is there a toilet?
C'è un gabinetto? — che oon ga·bee·*ne*·to

GO

49

Is it a direct route?
È un itinerario diretto? e·oo·nee·tee·ne·*ra*·ryo dee·*re*·to

What time do I have to check in?
A che ora devo presentarmi a ke o·ra *de*·vo pre·zen·*tar*·mee
per l'accettazione? per la·che·ta·*tsyo*·ne

Can I get a stand-by ticket?
Posso mettermi in *po*·so *me*·ter·mee een
lista d'attesa? *lees*·ta da·*te*·za

Where's the baggage claim?
Dov'è il ritiro bagagli? do·*ve* eel ree·*tee*·ro ba·*ga*·lyee

I'd like a luggage locker.
Vorrei un armadietto vo·*ray* oo·nar·ma·*dye*·to
per il bagaglio. per eel ba·*ga*·lyo

Can I have some coins/tokens?
Può darmi della moneta/ pwo *dar*·mee *de*·la mo·*ne*·ta/
dei gettoni? day je·*to*·nee

My luggage	*Il mio bagaglio*	eel *mee*·o ba·*ga*·lyo
has been ...	*è stato ...*	e *sta*·to ...
damaged	*danneggiato*	da·ne·*ja*·to
lost	*perso*	*per*·so
stolen	*rubato*	roo·*ba*·to

Bus, metro, taxi & train

Which bus goes to ...?
Quale autobus va a ...? *kwa*·le *ow*·to·boos va a ...

Is this the bus to ...?
Questo autobus va a ...? *kwe*·sto *ow*·to·boos va a ...

What station is this?
Che stazione è questa? ke sta·*tsyo*·ne e *kwe*·sta

What's the next station?
Qual'è la prossima stazione?
kwa·*le* la *pro*·see·ma sta·*tsyo*·ne

Does this train stop at (Milan)?
Questo treno si ferma a (Milano)?
kwe·sto *tre*·no see *fer*·ma a (mee·*la*·no)

Do I need to change trains?
Devo cambiare treno?
de·vo kam·*bya*·re *tre*·no

Which carriage is for (Rome)?
Quale carrozza è per (Roma)?
kwa·*le* ka·*ro*·tsa e per (*ro*·ma)

Which carriage is (1st class)?
Quale carrozza è (di prima classe?)
kwa·*le* ka·*ro*·tsa e (dee *pree*·ma *kla*·se)

Where's the dining car?
Dov'è il vagone ristorante?
do·*ve* eel va·*go*·ne rees·to·*ran*·te

Where's the taxi stand?
Dov'è la fermata dei tassì?
do·*ve* la fer·*ma*·ta day ta·*see*

I'd like a taxi ... *Vorrei un tassì ...* vo·*ray* oon ta·*see* ...
 at (9am) *alle (nove di mattina)* *a*·le (*no*·ve dee ma·*tee*·na)
 now *adesso* a·*de*·so
 tomorrow *domani* do·*ma*·nee

Is this taxi free?
È libero questo tassì?
e *lee*·be·ro *kwe*·sto ta·*see*

How much is it to ...?
Quant'è per ...?
kwan·*te* per ...

Please put the meter on.
Usi il tassametro, per favore.
oo·zee eel ta·sa·*me*·tro per fa·*vo*·re

Please take me to (this address).
Mi porti a (questo indirizzo), per piacere.
mee *por*·tee a (*kwe*·sto een·dee·*ree*·tso) per pya·*che*·re

Please ...	..., per favore.	... per fa·*vo*·re
slow down	*Rallenti*	ra·*len*·tee
wait here	*Mi aspetti qui*	mee as·*pe*·tee kwee

Stop ...	*Si fermi ...*	see *fer*·mee ...
at the corner	*all'angolo*	a *lan*·go·lo
here	*qui*	kwee

Car & motorbike hire

I'd like to hire a ...	*Vorrei noleggiare ...*	vo·*ray* no·le·*ja*·re ...
(large/small) car	*una macchina (grande/piccola)*	*oo*·na *ma*·kee·na (*gran*·de/*pee*·ko·la)
motorbike	*una moto*	*oo*·na *mo*·to

with/without ...	*con/senza ...*	kon/*sen*·tsa ...
air-conditioning	*aria condizionata*	*a*·rya kon·dee·tsyo·*na*·ta
antifreeze	*anticongelante*	an·tee·kon·je·*lan*·te
snow chains	*le catene da neve*	le ka·*te*·ne da *ne*·ve

How much for ... hire?	*Quanto costa ...?*	*kwan*·to *kos*·ta ...
daily	*al giorno*	al *jor*·no
hourly	*all'ora*	a·*lo*·ra
weekly	*alla settimana*	*a*·la se·tee·*ma*·na

Does that include ...?	È compreso/a ... m/f	e kom·pre·zo/a ...
mileage	il chilometraggio m	eel kee·lo·me·tra·jo
insurance	l'assicurazione f	la·see·koo·ra·tsyo·ne

What's the speed limit?

Qual'è il limite di velocità?

kwa·le eel lee·mee·te dee ve·lo·chee·ta

Is this the road to ...?

Questa strada porta a ...?

kwe·sta stra·da por·ta a ...

Where's a service station?

Dov'è una stazione di servizio?

do·ve oo·na sta·tsyo·ne dee ser·vee·tsyo

(How long) Can I park here?

(Per quanto tempo) Posso parcheggiare qui?

(per kwan·to tem·po) po·so par·ke·ja·re kwee

leaded	benzina f con piombo	ben·dzee·na kon pyom·bo
unleaded	benzina f senza piombo	ben·dzee·na sen·tsa pyom·bo

Road signs

Dare la Precedenza	da·re la pre·che·den·tsa	Give Way
Divieto di Accesso	dee·vye·to dee a·che·so	No Entry
Entrata	en·tra·ta	Entrance
Pedaggio	pe·da·jo	Toll
Senso Unico	sen·so oo·nee·ko	One Way
Stop	stop	Stop
Uscita	oo·shee·ta	Exit

SLEEP
Finding accommodation

Where's a/an ...?	Dov'è ...?	do·ve ...
bed & breakfast	un bed e breakfast	oon bed e brek·fast
camping ground	un campeggio	oon kam·pe·jo
guest house	una pensione	oo·na pen·syo·ne
hotel	un albergo	oo·nal·ber·go
inn (budget hotel)	una locanda	oo·na lo·kan·da
room	una camera	oo·na ka·me·ra
youth hostel	un ostello della gioventù	oo·nos·te·lo de·la jo·ven·too

Can you recommend somewhere ...?	Può consigliare qualche posto ...?	pwo kon·see·lya·re kwal·ke pos·to ...
cheap	economico	e·ko·no·mee·ko
good	buono	bwo·no
luxurious	di lusso	dee loo·so
nearby	vicino	vee·chee·no
romantic	romantico	ro·man·tee·ko

What's the address?
Qual'è l'indirizzo?   kwa·le leen·dee·ree·tso

How do I get there?
Come ci si arriva?   ko·me chee see a·ree·va

For responses, see **GO**, page 46.

Booking ahead & checking in

I'd like to book a room, please.
Vorrei prenotare una camera, per favore. — vo-*ray* pre-no-*ta*-re *oo*-na *ka*-me-ra per fa-*vo*-re

I have a reservation.
Ho una prenotazione. — o *oo*-na pre-no-ta-*tsyo*-ne

My name's ...
Mi chiamo ... — mee *kya*-mo ...

Do you have a ... room?	Avete una camera ...?	a-*ve*-te *oo*-na *ka*-me-ra ...
double	doppia con letto matrimoniale	do-*pya* kon le-*to* ma-tree-mo-*nya*-le
single	singola	*seen*-go-la
twin	doppia a due letti	do-pya a *doo*-e le-tee

How much is it per ...?	Quanto costa per ...?	*kwan*-to *kos*-ta per ...
night	una notte	*oo*-na no-te
person	persona	per-*so*-na
week	una settimana	*oo*-na se-tee-*ma*-na

I'd like to stay for (two) nights.
Vorrei rimanere (due) notti. — vo-*ray* ree-ma-*ne*-re (*doo*-e) no-tee

From (July 2) to (July 6).
Dal (due luglio) al (sei luglio). — dal (*doo*-e *loo*-lyo) al (say *loo*-lyo)

There are (three) of us.
Siamo (tre). — *sya*-mo (tre)

55

Can I see it?
Posso vederla?   *po·so ve·der·la*

It's fine. I'll take it.
Va bene. La prendo.   va *be·*ne la *pren·*do

Do I need to pay upfront?
Devo pagare in anticipo?   *de·*vo pa·*ga·*re ee·nan·*tee·*chee·po

Can I pay ...?	*Posso pagare con ...?*	*po·so pa·ga·re kon ...*
by credit card	*la carta di credito*	la *kar·*ta dee *kre·*dee·to
with a travellers cheque	*un assegno di viaggio*	oo·na·*se·*nyo dee vee·*a·*jo

For methods of payment, see also **PAYING**, page 22 and **BANK**, page 42.

Requests & queries

When's breakfast served?
A che ora è la prima colazione?   a ke *o·*ra e la *pree·*ma ko·la·*tsyo·*ne

Where's breakfast served?
Dove si prende la prima colazione?   *do·*ve see *pren·*de la *pree·*ma ko·la·*tsyo·*ne

Please wake me at (seven).
Mi svegli (alle sette), per favore.   mee *sve·*lyee (*a·*le *se·*te) per fa·*vo·*re

Could I have my key, please?
Può darmi la mia chiave, per favore?   pwo *dar·*mee la *mee·*a *kya·*ve per fa·*vo·*re

Could I have a receipt, please?
Può darmi una ricevuta, per favore?   pwo *dar·*mee *oo·*na ree·che·*voo·*ta per fa·*vo·*re

Can I use the …?	Posso usare …?	po·so oo·za·re …
kitchen	la cucina	la koo·chee·na
laundry	la lavanderia	la la·van·de·ree·a
telephone	il telefono	eel te·le·fo·no

Do you have a/an …?	C'è …?	che …
elevator	un ascensore	oo·na·shen·so·re
laundry service	il servizio	eel ser·vee·tsyo
	lavanderia	la·van·de·ree·a
safe	una cassaforte	oo·na ka·sa·for·te
swimming pool	una piscina	oo·na pee·shee·na

Do you arrange tours here?
Si organizzano le gite qui?   see or·ga·nee·dza·no le jee·te kwee

Do you change money here?
Si cambiano i soldi qui?   see kam·bya·no ee sol·dee kwee

The room is too …	La camera è troppo …	la ka·me·ra e tro·po …
cold	fredda	fre·da
dark	scura	skoo·ra
expensive	cara	ka·ra
light/bright	luminosa	loo·mee·no·za
noisy	rumorosa	roo·mo·ro·za
small	piccola	pee·ko·la

The … doesn't work.	… non funziona.	… non foon·tsyo·na
air-conditioning	L'aria	la·rya
	condizionata	kon·dee·tsyo·na·ta
fan	Il ventilatore	eel ven·tee·la·to·re
toilet	Il gabinetto	eel ga·bee·ne·to
window	La finestra	la fee·nes·tra

57

Can I get another ...?	*Può darmi un altro/a ... m/f*	pwo *dar*·mee oo·*nal*/tro/a
This ... isn't clean.	*Questo/a ... non è pulito/a.* m/f	*kwe*·sto/a ... non e poo·*lee*·to/a
blanket	*coperta* f	ko·*per*·ta
pillow	*cuscino* m	koo·*shee*·no
pillowcase	*federa* f	*fe*·de·ra
towel	*asciugamano* m	a·shoo·ga·*ma*·no

Checking out

What time is checkout?
A che ora si deve lasciar libera la camera?
a ke o·*ra* see *de*·ve la·*shar* *lee*·be·ra la *ka*·me·ra

Can I leave my luggage here until ....?	*Posso lasciare il mio bagaglio qui fino ...?*	po·so la·*sha*·re eel *mee*·o ba·*ga*·lyo kwee *fee*·no ...
next week	*alla settimana prossima*	*a*·la se·tee·*ma*·na *pro*·see·ma
tonight	*a stasera*	a sta·*se*·ra
Wednesday	*a mercoledì*	a mer·ko·le·*dee*
Could I have my ..., please?	*Posso avere ..., per favore?*	*po*·so a·*ve*·re ... per fa·*vo*·re
deposit	*la caparra*	la ka·*pa*·ra
passport	*il mio passaporto*	eel *mee*·o pa·sa·*por*·to
valuables	*i miei oggetti di valore*	ee myay o·*je*·tee dee va·*lo*·re
I'll be back ...	*Torno ...*	*tor*·no ...
in (three) days	*fra (tre) giorni*	fra (tre) *jor*·nee
on (Tuesday)	*(martedì)*	(mar·te·*dee*)

WORK
Introductions

I'm attending a ...	Sono qui per	so·no kwee per
	un/una ... m/f	oon/oo·na ...
Where's the ...?	Dov'è il/la ...? m/f	do·ve eel/la ...
business centre	business centre m	beez·nees sen·ter
conference	conferenza f	kon·fe·ren·tsa
course	corso m	kor·so
meeting	riunione f	ree·oo·nyo·ne
trade fair	fiera f commerciale	fye·ra ko·mer·cha·le

I'm here with ...	Sono qui con ...	so·no kwee kon ...
(the UN)	(l'ONU)	(lo·noo)
my colleagues	i miei colleghi	ee myay ko·le·gee
(two) others	(due) altri	(doo·e) al·tree

Here's my business card.
Ecco il mio biglietto — e·ko eel mee·o bee·lye·to
da visita. — da vee·zee·ta

Let me introduce my colleague.
Vorrei presentare il — vo·ray pre·sen·ta·re eel
mio collega. m — mee·o ko·le·ga
Vorrei presentare la — vo·ray pre·sen·ta·re la
mia collega. f — mee·a ko·le·ga

I'm alone.
Sono solo/a. m/f — so·no so·lo/a

I'm here for (two) days/weeks.
Sono qui per (due) giorni/ — so·no kwee per (doo·e) jor·nee/
settimane. — se·tee·ma·ne

I'm staying at ..., room ...
Alloggio al ..., camera ... — a·lo·jo al ..., ka·me·ra ...

Business needs

I have an appointment with ...
Ho un appuntamento con ...   o oo·na·poon·ta·*men*·to kon ...

I need an interpreter.
Ho bisogno di un interprete.   o bee·*zo*·nyo dee oo·neen·*ter*·pre·te

I'm expecting a ...	*Aspetto ...*	a·*spet*·o ...
call	*una telefonata*	*oo*·na te·le·fo·*na*·ta
fax	*un fax*	oon faks

I need ...	*Ho bisogno di ...*	o bee·*zon*·yo dee ...
to use a	*usare un*	oo·*sa*·re oon
computer	*computer*	kom·*pyoo*·ter
to send an	*mandare un*	man·*da*·re oon
email/fax	*email/fax*	e·*mayl*/faks

Is there a/an ...?	*C'è ...?*	che ...
data projector	*un proiettore*	oon pro·ye·*to*·re
laser pointer	*una penna ottica*	*oo*·na *pe*·na *o*·tee·ka
overhead	*una lavagna*	*oo*·na la·*va*·nya
projector	*luminosa*	loo·mee·*no*·sa

After the deal

That went very well.
È andato bene.   e an·*da*·to *be*·ne

Shall we go for a drink/meal?
Andiamo a bere/   an·*dya*·mo a *be*·re/
mangiare qualcosa?   man·*ja*·re kwal·*ko*·za

It's on me.
Offro io.   *o*·fro *ee*·o

For additional terms, see **SERVICES**, page 42.

HELP
Emergencies

Help!	*Aiuto!*	ai·*yoo*·to
Stop!	*Fermi!*	*fer*·mee
Go away!	*Vai via!*	vai *vee*·a
Thief!	*Ladro!*	*la*·dro
Fire!	*Al fuoco!*	al *fwo*·ko
Watch out!	*Attenzione!*	a·ten·*tsyo*·ne

Call ...	*Chiami ...*	*kya*·mee ...
an ambulance	*un'ambulanza*	o·nam·boo·*lan*·tsa
a doctor	*un medico*	oon *me*·dee·ko
the fire	*i vigili del*	ee *vee*·jee·lee del
brigade	*fuoco*	*fwo*·ko
the police	*la polizia*	la po·lee·*tsee*·a

It's an emergency!
È un'emergenza! e oo·ne·mer·*jen*·tsa

Could you help me, please?
Mi può aiutare, per favore? mee pwo ai·yoo·*ta*·re per fa·*vo*·re

I have to use the telephone.
Devo fare una telefonata. de·vo fa·re *oo*·na te·le·fo·*na*·ta

I'm lost.
Mi sono perso/a. m/f mee *so*·no *per*·so/a

Where are the toilets?
Dove sono i gabinetti? *do*·ve *so*·no ee ga·bee·*ne*·tee

Leave me alone!
Lasciami in pace! *la*·sha·mee een *pa*·che

Police

Where's the police station?
Dov'è il posto di polizia? do·ve eel *pos*·to dee po·lee·*tsee*·a

I want to report an offence.
Voglio fare una denuncia. *vo*·lyo *fa*·re *oo*·na de·*noon*·cha

I've been raped.
Sono stato/a violentato/a. m/f *so*·no *sta*·to/a vyo·len·*ta*·to/a

I've been assaulted.
Sono stato aggredito/a. m/f *so*·no *sta*·to/a a·gre·*dee*·to/a

I've been robbed.
Sono stato/a derubato/a. m/f *so*·no *sta*·to/a de·roo·*ba*·to/a

I've lost my ...	*Ho perso ...*	o *per*·so ...
My ... was/were stolen.	*Mi hanno rubato ...*	mee *a*·no roo·*ba*·to ...
backpack	*il mio zaino*	eel *mee*·o *dzai*·no
bags	*i miei bagagli*	ee mee·*ay* ba·*ga*·lyee
credit card	*la mia carta di credito*	la *mee*·a *kar*·ta dee *kre*·dee·to
handbag	*la mia borsa*	la *mee*·a *bor*·sa
jewellery	*i miei gioielli*	ee mee·*ay* jo·*ye*·lee
money	*i miei soldi*	ee mee·*ay* *sol*·dee
passport	*il mio passaporte*	eel *mee*·o pa·sa·*por*·te
travellers cheques	*i miei assegni di viaggio*	ee mee·*ay* a·*se*·nyee dee vee·*a*·jo
wallet	*portafoglio*	por·ta·*fo*·lyo

I want to	Vorrei	vo·*ray*
contact my ...	contattare ...	kon·ta·*ta*·re ...
embassy	*la mia ambasciata*	la *mee*·a am·ba·*sha*·ta
consulate	*il mio consolato*	eel *mee*·o kon·so·*la*·to

I have insurance.
Ho l'assicurazione.   o la·see·koo·ra·*tsyo*·ne

Can I have a receipt for my insurance?
Può darmi una ricevuta per   pwo *dar*·mee *oo*·na ree·che·*voo*·ta per
la mia assicurazione?   la *mee*·a a·see·koo·ra·*tsyo*·ne

I have a prescription for this drug.
Ho una ricetta per questa   o *oo*·na re·*che*·ta per *kwe*·sta
medicina.   me·dee·*chee*·na

Health

Where's the	Dov'è ... più	do·*ve* ... pyoo
nearest ...?	vicino/a? m/f	vee·*chee*·no/a
(night) chemist	*la farmacia* f	la far·ma·*chee*·a
	(di turno)	(dee *toor*·no)
dentist	*il/la dentista* m/f	eel/la den·*tee*·sta
doctor	*il medico* m	eel *me*·dee·ko
hospital	*l'ospedale* m	los·pe·*da*·le
medical centre	*l'ambulatorio* m	lam·boo·la·*to*·ryo
optometrist	*l'ottico* m	*lo*·tee·ko

I need a doctor (who speaks English).
Ho bisogno di un medico   o bee·*zo*·nyo dee oon *me*·dee·ko
(che parli inglese).   (ke *par*·lee een·*gle*·ze)

Could I see a female doctor?
Posso vedere una dottoressa?   *po*·so ve·*de*·re *oo*·na do·to·*re*·sa

Can the doctor come here?
Può venire qui il medico?   pwo ve·*nee*·re kwee eel *me*·dee·ko

I've run out of my medication.
Ho finito la mia   o fee·*nee*·to la *mee*·a
medicina.   me·dee·*chee*·na

I've been	*Sono stato/a*	*so*·no *sta*·to/a
vaccinated for ...	*vaccinato/a per ...* m/f	va·chee·*na*·to/a per ...
hepatitis A/B/C	*l'epatite A/B/C*	le·pa·*tee*·te a/bee/chee
tetanus	*il tetano*	eel *te*·ta·no
typhoid	*il tifo*	eel *tee*·fo

I need ...	*Ho bisogno di ...*	o bee·*zo*·nyo dee ...
new glasses	*nuovi occhiali*	*nwo*·vee o·*kya*·lee
contact	*nuove lenti a*	*nwo*·ve *len*·tee a
lenses	*contatto*	kon·*ta*·to

Symptoms, conditions & allergies

I'm sick.
Mi sento male.   mee *sen*·to *ma*·le

I've been injured.
Sono stato/a ferito/a. m/f   *so*·no *sta*·to/a fe·*ree*·to/a

It hurts here.
Mi fa male qui.   mee fa *ma*·le kwee

I've been vomiting.
Ho vomitato alcune volte.   o vo·mee·*ta*·to al·*koo*·ne *vol*·te

I can't sleep.
Non riesco a dormire.   non *ryes*·ko a dor·*mee*·re

I feel ...	Mi sento ...	mee *sen*·to ...
better	*meglio*	*me*·lyo
strange	*strano/a* m/f	*stra*·no/a
weak	*debole*	*de*·bo·le
worse	*peggio*	*pe*·jo

I feel ...	Sono ...	*so*·no ...
anxious	*ansioso/a* m/f	an·*syo*·zo/a
depressed	*depresso/a* m/f	de·*pre*·so/a

I feel ...	Ho ...	o ...
dizzy	*il capogiro*	eel ka·po·*gee*·ro
hot and	*vampate di*	vam·*pa*·te dee
cold	*calore*	ka·*lo*·re
nauseous	*la nausea*	la *now*·ze·a
shivery	*i brividi*	ee *bree*·vee·dee

I have a/ an ...	Ho ...	o ...
allergy	*un'allergia*	oo·na·ler·*jee*·a
cold	*un raffreddore*	oon ra·fre·*do*·re
cough	*la tosse*	la *to*·se
diarrhoea	*la diarrea*	la dee·a·*re*·a
fever	*la febbre*	la *fe*·bre
headache	*mal di testa*	mal dee *tes*·ta
heart	*un problema*	oon pro·*ble*·ma
condition	*cardiaco*	kar·*dya*·ko
migraine	*un'emicrania*	oo·ne·mee·*kran*·ya
swelling	*un gonfiore*	oon gon·*fyo*·re
sore throat	*mal di gola*	mal dee *go*·la

I'm ...	Sono ...	*so*·no ...
asthmatic	*asmatico/a* m/f	az·*ma*·tee·ko/a
diabetic	*diabetico/a* m/f	dee·a·*be*·tee·ko/a
epileptic	*epilettico/a* m/f	e·pee·le·*tee*·ko/a

I've (recently) had ...
Ho avuto ...   o a·*voo*·to ...
(di recente).   (dee re·*chen*·te)

I'm on medication for ...
Prendo la   *pren*·do la
medicina per ...   me·dee·*chee*·na per ...

I need something for ...
Ho bisogno di   o bee·*zo*·nyo dee
qualcosa per ...   kwal·*ko*·za per ...

Do I need a prescription for ...?
C'è bisogno di una   che bee·*zo*·nyo dee *oo*·na
ricetta per ...?   re·*che*·ta per ...

How many times a day?
Quante volte al giorno?   *kwan*·te *vol*·te al *jor*·no

I'm allergic to ... *Sono*   *so*·no
    allergico/a ... m/f   a·*ler*·jee·ko/a ...

antibiotics	*agli anti-biotici*	*a*·lyee an·tee·bee·*o*·tee·chee
anti-inflammatories	*agli antinfiammatori*	*a*·lyee an·teen·fya·ma·*to*·ree
aspirin	*all'aspirina*	a·las·pee·*ree*·na
bees	*alle api*	*a*·le *a*·pee
codeine	*alla codeina*	*a*·la ko·de·*ee*·na
penicillin	*alla penicillina*	*a*·la pe·nee·chee·*lee*·na
pollen	*al polline*	al po·*lee*·ne

I have a skin allergy.
Ho un'allergia alla pelle.   o oo·na·ler·*jee*·a *a*·la *pe*·le

For food-related allergies, see **EAT & DRINK** page 34.

Numbers

0	zero	dze·ro
1	uno	oo·no
2	due	doo·e
3	tre	tre
4	quattro	kwa·tro
5	cinque	cheen·kwe
6	sei	say
7	sette	se·te
8	otto	o·to
9	nove	no·ve
10	dieci	dye·chee
11	undici	oon·dee·chee
12	dodici	do·dee·chee
13	tredici	tre·dee·chee
14	quattordici	kwa·tor·dee·chee
15	quindici	kween·dee·chee
16	sedici	se·dee·chee
17	diciassette	dee·cha·se·te

18	diciotto	dee·cho·to
19	diciannove	dee·cha·no·ve
20	venti	ven·tee
21	ventuno	ven·too·no
22	ventidue	ven·tee·doo·e
30	trenta	tren·ta
40	quaranta	kwa·ran·ta
50	cinquanta	cheen·kwan·ta
60	sessanta	se·san·ta
70	settanta	se·tan·ta
80	ottanta	o·tan·ta
90	novanta	no·van·ta
91	novantuno	no·van·too·no
100	cento	chen·to
200	duecento	doo·e·chen·to
300	trecento	tre·chen·to
1000	mille	mee·le
2000	duemila	doo·e·mee·la

Colours

dark ...

... *scuro/a* m/f *skoo·ro/a*

black	nero/a m/f	ne·ro/a
blue	azzurro/a m/f	a·dzoo·ro/a
brown	marrone	ma·ro·ne
green	verde	ver·de
orange	arancione	a·ran·chyo·ne

light ...

... *chiaro/a* m/f *kya·ro/a*

pink	rosa	ro·za
purple	viola	vyo·la
red	rosso/a m/f	ro·so/a
yellow	giallo/a m/f	ja·lo/a
white	bianco/a m/f	byan·ko/a

67

Time & Dates

What time is it?	*Che ora è?*	ke *o*·ra e
It's one o'clock.	*È l'una.*	e *loo*·na
It's (two) o'clock.	*Sono le (due).*	*so*·no le (*doo*·e)
Five past (one).	*(L'una) e cinque.*	(*loo*·na) e *cheen*·kwe
Quarter past (one).	*(L'una) e un quarto.*	(*loo*·na) e oon *kwar*·to
Half past (one).	*(L'una) e mezza.*	(*loo*·na) e *me*·dza
Quarter to (eight).	*(Le otto) meno*	(le *o*·to) *me*·no
	un quarto.	oon *kwar*·to
Twenty to (eight).	*(Le otto) meno venti.*	(le *o*·to) *me*·no *ven*·tee
At what time ...?	*A che ora ...?*	a ke *o*·ra ...
At ...	*Alle ...*	*a*·le ...

Monday	*lunedì*	loo·ne·*dee*
Tuesday	*martedì*	mar·te·*dee*
Wednesday	*mercoledì*	mer·ko·le·*dee*
Thursday	*giovedì*	jo·ve·*dee*
Friday	*venerdì*	ve·ner·*dee*
Saturday	*sabato*	*sa*·ba·to
Sunday	*domenica*	do·*me*·nee·ka

January	*gennaio*	je·*na*·yo
February	*febbraio*	fe·*bra*·yo
March	*marzo*	*mar*·tso
April	*aprile*	a·*pree*·le
May	*maggio*	*ma*·jo
June	*giugno*	*joo*·nyo
July	*luglio*	*loo*·lyo
August	*agosto*	a·*gos*·to
September	*settembre*	se·*tem*·bre
October	*ottobre*	o·*to*·bre
November	*novembre*	no·*vem*·bre
December	*dicembre*	dee·*chem*·bre

spring	*primavera*	pree·ma·*ve*·ra
summer	*estate*	es·*ta*·te
autumn	*autunno*	ow·*too*·no
winter	*inverno*	een·*ver*·no

What date is it today?
   Che giorno è oggi?   ke *jor*·no e *o*·jee

It's (15 December).
   È (il quindici   e (eel *kween*·dee·chee
   dicembre).   dee·*chem*·bre)

last ...

night	*ieri notte*	ye·ree *no*·te
week	*la settimana*	la se·tee·*ma*·na
	scorsa	*skor*·sa
month	*il mese scorso*	eel *me*·ze *skor*·so
year	*l'anno scorso*	*la*·no *skor*·so

next ...

week	*la settimana*	la se·tee·*ma*·na
	prossima	*pro*·see·ma
month	*il mese prossimo*	eel *me*·ze *pro*·see·mo
year	*l'anno prossimo*	*la*·no *pro*·see·mo

| since (May) | *da (maggio)* | da (*ma*·jo) |

tomorrow ...   *domani ...*   do·*ma*·nee ...

morning	*mattina*	ma·*tee*·na
afternoon	*pomeriggio*	po·me·*ree*·jo
evening	*sera*	*se*·ra

yesterday ...   *ieri ...*   *ye*·ree ...

morning	*mattina*	ma·*tee*·na
afternoon	*pomeriggio*	po·me·*ree*·jo
evening	*sera*	*se*·ra

A English–Italian dictionary

A

aboard *a bordo* la *bor*·do
accident *incidente* m een·chee·*den*·te
accommodation *alloggio* m a·*lo*·jo
adaptor *spina* f *multipla spee*·na
  mool·tee·pla
address *indirizzo* m een·dee·*ree*·tso
admission price *prezzo* m *d'ingresso*
  pre·tso deen·*gre*·so
after *dopo* do·po
afternoon *pomeriggio* m po·me·*ree*·jo
aftershave *dopobarba* m do·po·*bar*·ba
again *di nuovo* dee *nwo*·vo
air-conditioned *ad aria condizionata* ad
  a·rya kon·dee·*tsyo*·na·ta
airline *linea* f *aerea* lee·ne·a a·*e*·re·a
airport *aeroporto* m a·e·ro·*por*·to
airport tax *tassa* f *aeroportuale ta*·sa
  a·e·ro·por·*twa*·le
aisle (plane, train) *corridoio* m
  ko·ree·*do*·yo
alarm clock *sveglia* f *sve*·lya
alcohol *alcol* m *al*·kol
all (plural) *tutti/e* m/f *too*·tee/*too*·te
all (singular) *tutto/a* m/f *too*·to/a
allergy *allergia* f a·ler·*jee*·a
ambulance *ambulanza* f am·boo·*lan*·tsa
  and e e
ankle *caviglia* f ka·*vee*·lya
antibiotics *antibiotici* m pl
  an·tee·bee·*o*·tee·chee
antique *pezzo* m *di antiquariato pe*·tso dee
  an·tee·kwa·*rya*·to
antiseptic *antisettico* m an·tee·*se*·tee·ko
appointment *appuntamento* m
  a·poon·ta·*men*·to
archaeological *archeologico/a* m/f
  ar·ke·o·*lo*·jee·ko/a

architect *architetto* m ar·kee·*te*·to
architecture *architettura* f ar·kee·te·*too*·ra
arm *braccio* m *bra*·cho
arrivals *arrivi* m pl a·*ree*·vee
art *arte* f *ar*·te
art gallery *galleria* f *d'arte* ga·le·*ree*·a
  dar·te
artist *artista* m&f ar·*tee*·sta
ashtray *portacenere* m por·ta·*che*·ne·re
  at *a* a
aunt *zia* f *tsee*·a
Australia *Australia* f ow·*stra*·lya
automatic teller machine (ATM)
  Bancomat m *ban*·ko·mat
awful *orrendo/a* m/f o·*ren*·do/a

B

B&W (film) *in bianco e nero* een *byan*·ko
  e *ne*·ro
baby *bimbo/a* m/f *beem*·bo/a
baby food *cibo* m *da bebè chee*·bo da be·*bè*
back (body) *schiena* f *skye*·na
backpack *zaino* m *dzai*·no
bad *cattivo/a* m/f ka·*tee*·vo/a
bag (general) *borsa* f *bor*·sa
bag (shopping) *sacchetto* m sa·*ke*·to
baggage *bagaglio* m ba·*ga*·lyo
baggage allowance *bagaglio* m *consentito*
  ba·*ga*·lyo kon·sen·*tee*·to
baggage claim *ritiro* m *bagagli* ree·*tee*·ro
  ba·*ga*·lyee
bakery *panetteria* f pa·ne·te·*ree*·a
band (music) *gruppo* m *groo*·po
bandage *fascia* f *fa*·sha
Band-aids *cerotti* m pl che·*ro*·tee
bank (money) *banca* f *ban*·ka
bank account *conto* m *in banca con*·to
  een *ban*·ka

banknote *banconota* f ban-ko-*no*-ta
bar *locale* m lo-*ka*-le
bath *bagno* m *ba*-nyo
bathroom *bagno* m *ba*-nyo
battery *pila* f *pee*-la
beach *spiaggia* f *spya*-ja
beautiful *bello/a* m/f *be*-lo/a
beauty salon *parrucchiere* m pa-roo-*kye*-re
because *perché* per-*ke*
bed *letto* m *le*-to
bedroom *camera* f *da letto* ka-me-ra da *le*-to
beer *birra* f *bee*-ra
before *prima* *pree*-ma
behind *dietro* *dye*-tro
best *migliore* mee-*lyo*-re
better *migliore* mee-*lyo*-re
bicycle *bicicletta* f bee-chee-*kle*-ta
big *grande* gran-de
bill (account) *conto* m *kon*-to
birthday *compleanno* m kom-ple-*a*-no
black *nero/a* m/f *ne*-ro/a
blanket *coperta* f ko-*per*-ta
blister *vescica* f ve-*shee*-ka
blocked *bloccato/a* m/f blo-*ka*-to/a
blood *sangue* f *san*-gwe
blood group *gruppo* m *sanguigno* groo-po *san-gwee*-nyo
blue (dark) *blu* bloo
blue (light) *azzurro/a* m/f a-*dzoo*-ro/a
board (a plane, ship) *salire su* sa-*lee*-re su
boarding house *pensione* f pen-*syo*-ne
boarding pass *carta* f *d'imbarco* kar-ta *deem-bar*-ko
boat *barca* f *bar*-ka
book *libro* m *lee*-bro
book (make a booking) *prenotare* pre-no-*ta*-re
booked out *completo/a* m/f kom-*ple*-to/a
bookshop *libreria* f lee-bre-*ree*-a
boots *stivali* m pl stee-*va*-lee
border *confine* m kon-*fee*-ne

boring *noioso/a* m/f no-*yo*-zo/a
bottle *bottiglia* f bo-*tee*-lya
bottle opener *apribottiglie* m a-pree-bo-*tee*-lye
bowl *piatto* m *fondo* pya-to *fon*-do
box *scatola* f *ska*-to-la
boy *bambino* m bam-*bee*-no
boy(friend) *ragazzo* m ra-*ga*-tso
bra *reggiseno* m re-jee-*se*-no
bread *pane* m *pa*-ne
breakfast *(prima) colazione* f *(pree*-ma) ko-la-*tsyo*-ne
bridge *ponte* m *pon*-te
briefcase *valigetta* f va-lee-*je*-ta
broken *rotto/a* m/f *ro*-to/a
broken down *guastato/a* m/f gwas-*ta*-to/a
brother *fratello* m fra-*te*-lo
brown *marrone* m/f ma-*ro*-ne
budget *bilancio* m be-*lan*-cho
buffet (meal) *pasto* m *freddo* pas-to *fre*-do
building *edificio* m e-dee-*fee*-cho
bum *culo* m *koo*-lo
burn *bruciare* broo-*cha*-re
bus (city) *autobus* m *ow*-to-boos
bus (coach) *pullman* m *pool*-man
bus station *stazione* f *d'autobus* sta-*tsyo*-ne *dow*-to-boos
bus stop *fermata* f *d'autobus* fer-*ma*-ta *dow*-to-boos
business *affari* m pl a-*fa*-ree
business class *classe* f *business* kla-se *beez*-nes
business person *uomo/donna d'affari* m/f *wo*-mo/*do*-na da-*fa*-ree
business trip *viaggio* m *d'affari* vee-*a*-jo da-*fa*-ree
butcher's shop *macelleria* f ma-che-le-*ree*-a
button *bottone* m bo-*to*-ne
buy *comprare* kom-*pra*-re

C

café *bar* m bar
calculator *calcolatrice* f kal·ko·la·*tree*·che
camera *macchina fotografica* ma·kee·na
fo·to·*gra*·fee·ka
camp site *campeggio* m kam·*pe*·jo
can (tin) *scatola* f *ska*·to·la
can opener *apriscatole* m a·pree·*ska*·to·le
Canada *Canada* m ka·na·da
cancel *cancellare* kan·che·*la*·re
car *macchina* f ma·kee·na
car hire *autonoleggio* m ow·to·no·*le*·jo
car owner's title *libretto* m *di circolazione*
lee·*bre*·to dee cheer·ko·la·*tsyo*·ne
car registration *bollo* m *di circolazione*
bo·lo dee cheer·ko·la·*tsyo*·ne
cash *soldi* m pl *sol*·dee
cash register *cassa* f *ka*·sa
cashier *cassiere/a* m/f ka·*sye*·re/a
cassette *cassetta* f ka·*se*·ta
castle *castello* m kas·*te*·lo
cathedral *duomo* m *dwo*·mo
CD *cidì* m chee·*dee*
centimetre *centimetro* m chen·*tee*·me·tro
centre *centro* m *chen*·tro
chair *sedia* f *se*·dya
chairlift (skiing) *seggiovia* f se·jo·*vee*·a
change *cambiare* kam·*bya*·re
change (coins) *spiccioli* m pl *spee*·cho·lee
change (money) *resto* m *res*·to
change room (sport) *spogliatoio* m
spo·lya·*to*·yo
cheap *economico/a* m/f e·ko·*no*·mee·ko/a
check *controllare* kon·tro·*la*·re
check (bill) *conto* m *kon*·to
check-in (airport) *accetazione* f
a·che·ta·*tsyo*·ne
check-in (hotel) *registrazione* f
re·jee·stra·*tsyo*·ne

cheese *formaggio* m for·*ma*·jo
chef *cuoco/a* m/f *kwo*·ko/a
chemist *farmacista* m&f far·ma·*chee*·sta
cheque *assegno* m a·*se*·nyo
chest *petto* m *pe*·to
chicken *pollo* m *po*·lo
child *bambino/a* m/f bam·*bee*·no/a
child seat *seggiolino* m se·jo·*lee*·no
chocolate *cioccolato* m cho·ko·*la*·to
Christmas *Natale* m na·*ta*·le
church *chiesa* f *kye*·za
cigar *sigaro* m *see*·ga·ro
cigarette *sigaretta* f see·ga·*re*·ta
cigarette lighter *accendino* m
a·chen·*dee*·no
cinema *cinema* m *chee*·ne·ma
circus *circo* m *cheer*·ko
city *città* f chee·*ta*
classical *classico/a* m/f *kla*·se·ko/a
clean *pulito/a* m/f poo·*lee*·to/a
cleaning *pulizia* f poo·lee·*tsee*·a
client *cliente* m&f klee·*en*·te
cloakroom *guardaroba* m gwar·da·*ro*·ba
closed *chiuso/a* m/f *kyoo*·zo/a
clothing *abbigliamento* m
a·bee·lya·*men*·to
clothing store *negozio* m *di abbigliamento*
ne·*go*·tsyo dee a·bee·lya·*men*·to
coat *cappotto* m ka·*po*·to
coffee *caffè* m ka·*fe*
coins *monete* f pl mo·*ne*·te
cold *freddo/a* m/f *fre*·do/a
colleague *collega* m&f ko·*le*·ga
collect call *chiamata* f *a carico del*
destinatario kya·*ma*·ta a ka·ree·ko del
des·tee·na·*ta*·ryo
colour *colore* m ko·*lo*·re
comb *pettine* m *pe*·tee·ne
comfortable *comodo/a* m/f *ko*·mo·do/a

commission *commissione* f ko-mee-syo-ne
companion *compagno/a* m/f kom-pa-nyo/a
company (firm) *ditta* f dee-ta
complain *lamentarsi* la-men-tar-see
complimentary (free) *gratuito/a* m/f
  gra-too-ee-to/a
computer *computer* m kom-pyoo-ter
concert *concerto* m kon-cher-to
conditioner *balsamo* m per i capelli
  bal-sa-mo per ee ka-pe-lee
condom *preservativo* m pre-zer-va-tee-vo
confirm (a booking) *confermare*
  kon-fer-ma-re
connection (transport) *coincidenza* f
  ko-een-chee-den-tsa
constipation *stitichezza* f stee-tee-ke-tsa
consulate *consolato* m kon-so-la-to
contact lenses *lenti* f pl a contatto len-tee
  a kon-ta-to
convenience store *alimentari* m
  a-lee-men-ta-ree
cook *cuoco/a* m/f kwo-ko/a
cook *cucinare* koo-chee-na-re
cost *costare* kos-ta-re
cotton balls *batuffoli* m pl di cotone
  ba-too-fo-lee dee ko-to-ne
cough *tossire* to-see-re
cough medicine *sciroppo* m per la tosse
  shee-ro-po per la to-se
countryside *campagna* f kam-pa-nya
court (tennis) *campo* m da tennis kam-po
  da te-nees
cover charge (restaurant) *coperto* m
  ko-per-to
cover charge (venue) *ingresso* m
  een-gre-so
craft (product) *pezzo* m d'artigianato
  pe-tso dar-tee-ja-na-to
craft (trade) *mestiere* m mes-tye-re
cream (food) *panna* f pa-na

credit card *carta* f di credito kar-ta dee
  kre-dee-to
cup *tazza* f ta-tsa
currency exchange *cambio* m valuta
  kam-byo va-loo-ta
current (electricity) *corrente* f ko-ren-te
customs *dogana* f do-ga-na
cut *tagliare* ta-lya-re
cutlery *posate* f pl po-za-te

D

dance *ballare* ba-la-re
dancing *ballo* m ba-lo
dangerous *pericoloso/a* m/f
  pe-ree-ko-lo-zo/a
dark *scuro/a* m/f skoo-ro/a
date (day) *data* f da-ta
date of birth *data* f di nascita da-ta dee
  na-shee-ta
daughter *figlia* f fee-lya
day *giorno* m jor-no
day after tomorrow *dopodomani*
  do-po-do-ma-nee
day before yesterday *altro ieri* m al-tro
  ye-ree
delay *ritardo* m ree-tar-do
delicatessen *salumeria* f sa-loo-me-ree-a
dental floss *filo* m dentario fee-lo
  den-ta-ree-o
dentist *dentista* m&f den-tee-sta
deodorant *deodorante* m de-o-do-ran-te
depart *partire* par-tee-re
department store *grande magazzino* m
  gran-de ma-ga-dzee-no
departure *partenza* f par-ten-tsa
dessert *dolce* m dol-che
destination *destinazione* f
  des-tee-na-tsyo-ne

E English–Italian dictionary

diabetes *diabete* f dee-a-*be*-te

dial tone *segnale* m *(acustico)* se-*nya*-le (a-*koos*-tee-ko)

diaper *pannolino* m pa-no-*lee*-no

diarrhoea *diarrea* f dee-a-*re*-a

diary *agenda* f a-*jen*-da

dictionary *vocabolario* m vo-ka-bo-*la*-ryo

different *diverso/a* dee-*ver*-so/a

dining car *carrozza* f *ristorante* ka-*ro*-tsa rees-to-*ran*-te

dinner *cena* f *che*-na

direct *diretto/a* m/f dee-*re*-to/a

direct-dial *telefono* m *diretto* te-*le*-fo-no dee-*re*-to

direction *direzione* f dee-re-*tsyo*-ne

dirty *sporco/a* m/f *spor*-ko/a

disabled *disabile* dee-za-bee-le

discount *sconto* m *skon*-to

disk (computer) *dischetto* f dees-*ke*-to

divorced *divorziato/a* m/f dee-vor-*tsya*-to/a

doctor *medico* m *me*-dee-ko

dog *cane* m *ka*-ne

dollar *dollaro* m *do*-la-ro

dope (drugs) *roba* f *ro*-ba

double bed *letto* m *matrimoniale* *le*-to ma-tree-mo-*nya*-le

double room *camera* f *doppia* *ka*-mer-a *do*-pya

down *giù* joo

dress *abito* m a-*bee*-to

drink *bere* be-re

drive *guidare* gwee-*da*-re

drivers licence *patente* f *(di guida)* pa-*ten*-te (dee *gwee*-da)

drunk *ubriaco/a* m/f oo-bree-a-ko/a

dry *secco/a* m/f se-ko/a

dry *asciugare* a-*shoo*-ga-re

dummy (pacifier) *ciucciotto* m choo-*cho*-to

E

each *ciascuno/a* m/f chas-*koo*-no/a

ear *orecchio* m o-*re*-kyo

early *presto* m/f *pres*-to

earrings *orecchini* m pl o-re-*kee*-nee

east *est* m est

Easter *Pasqua* f *pas*-kwa

economy class *classe* f *turistica* *kla*-se too-*ree*-stee-ka

electricity *elettricità* f e-le-tree-chee-*ta*

elevator *ascensore* m a-shen-*so*-re

email *email* m e-mayl

embassy *ambasciata* f am-ba-*sha*-ta

emergency *emergenza* f e-mer-*jen*-tsa

empty *vuoto/a* m/f *vwo*-to/a

end *fine* f *fee*-ne

end *finire* fee-*nee*-re

engagement (couple) *fidanzamento* m fee-dan-tsa-*men*-to

engine *motore* m mo-*to*-re

engineer *ingegnere* m&f een-je-*nye*-re

England *Inghilterra* f een-geel-*te*-ra

English *inglese* een-*gle*-ze

enough *abbastanza* a-bas-*tan*-tsa

enter *entrare* en-*tra*-re

entertainment guide *guida* f *agli spettacoli* *gwee*-da a-lyee spe-*ta*-ko-lee

entry *entrata* f en-*tra*-ta

escalator *scala* f *mobile* *ska*-la mo-bee-le

Euro *euro* m e-*oo*-ro

Europe *Europa* f e-oo-*ro*-pa

evening *sera* f *se*-ra

everything *tutto* m *too*-to

exchange *cambiare* kam-*bya*-re

exchange rate *tasso* m *di cambio* *ta*-so dee *kam*-byo

exhibition *esposizione* f es-po-zee-*tsyo*-ne

exit *uscita* f oo-*shee*-ta

expensive caro/a m/f ka-ro/a
express espresso/a m/f es-pre-so/a
express mail posta f prioritaria pos-ta pree-o-ree-ta-rya
eye occhio m o-kyo

F

face faccia f fa-cha
fall (autumn) autunno m ow-too-no
family famiglia f fa-mee-lya
family name cognome m ko-nyo-me
fan (machine) ventilatore m ven-tee-la-to-re
fan (person) tifoso/a m/f tee-fo-zo/a
far lontano/a m/f lon-ta-no/a
fashion moda f mo-da
fast veloce ve-lo-che
fat grasso/a m/f gra-so/a
father padre m pa-dre
father-in-law suocero m swo-che-ro
faucet rubinetto m roo-bee-ne-to
faulty difettoso/a m/f dee-fe-to-zo/a
fax fax m faks
feel sentire sen-tee-re
ferry traghetto m tra-ge-to
fever febbre f fe-bre
fiancé(e) fidanzato/a m/f fee-dan-tsa-to/a
film (cinema) film m feelm
film speed ASA a-za
fine (payment) multa f mool-ta
finger dito m dee-to
first class prima classe f pree-ma kla-se
first-aid kit valigetta f del pronto soccorso va-lee-je-ta del pron-to so-kor-so
fish shop pescheria f pe-ske-ree-a
fishing pesca f pe-ska
flash (camera) flash m flesh
flashlight (torch) torcia f elettrica tor-cha e-le-tree-ka

flight volo m vo-lo
floor (storey) piano m pya-no
florist fioraio m&f fyo-ra-yo
flu influenza f een-floo-en-tsa
fly volare vo-la-re
food cibo m chee-bo
food supplies provviste m pl alimentari pro-vee-ste a-lee-men-ta-ree
foot piede m pye-de
football (soccer) calcio m kal-cho
footpath marciapiede m mar-cha-pye-de
foreign straniero/a m/f stra-nye-ro/a
forest foresta f fo-res-ta
fork forchetta f for-ke-ta
fortnight quindici giorni m pl kween-dee-chee jor-nee
fragile fragile fra-jee-le
France Francia f fran-cha
free (gratis) gratuito/a m/f gra-too-ee-to/a
fresh fresco/a m/f fres-ko/a
fridge frigorifero m free-go-ree-fe-ro
friend amico/a m/f a-mee-ko/a
frozen congelato/a m/f kon-je-la-to/a
fruit frutta f froo-ta
fry friggere free-je-re
frying pan padella f pa-de-la
full pieno/a m/f pye-no/a
funny divertente dee-ver-ten-te
furniture mobili m pl mo-bee-lee

G

game (play) gioco m jo-ko
game (sport) partita f par-tee-ta
garden giardino m jar-dee-no
gas (for cooking) gas m gaz
gas (petrol) benzina f ben-dzee-na
gastroenteritis gastroenterite f gas-tro-en-te-ree-te

gay *gay* gei
Germany *Germania* f jer-*ma*-nya
gift *regalo* m re-*ga*-lo
girl(friend) *ragazza* f ra-*ga*-tsa
glasses (spectacles) *occhiali* m pl o-*kya*-lee
gloves *guanti* m pl *gwan*-tee
go *andare* an-*da*-re
gold *oro* m *o*-ro
golf course *campo* m *da golf* kam-po
    da golf
good *buono/a* m/f *bwo*-no/a
grandchild *nipote* m&f nee-*po*-te
grandfather *nonno* m *no*-no
grandmother *nonna* f *no*-na
great *ottimo/a* m/f o-*tee*-mo/a
green *verde* *ver*-de
grey *grigio/a* m/f *gree*-jo/a
grocery *drogheria* f dro-ge-*ree*-a
guest house *pensione* f pen-*syo*-ne
guide (person) *guida* f *gwee*-da
guidebook *guida* f *(turistica)* gwee-da
    (too-*ree*-stee-ka)
guided tour *visita* f *guidata* vee-zee-ta
    gwee-*da*-ta
gym *palestra* f pa-*le*-stra

H

hairdresser *parrucchiere/a* m/f
    pa-roo-*kye*-re/a
hand *mano* f *ma*-no
handbag *borsetta* f bor-*se*-ta
handicrafts *oggetti* m pl *d'artigianato*
    o-*je*-tee dar-tee-ja-*na*-to
handkerchief *fazzoletto* m fa-tso-*le*-to
handmade *fatto/a* m/f *a mano* fa-to/a
    a *ma*-no
handsome *bello/a* m/f *be*-lo/a
happy *felice* m/f fe-*lee*-che
hard (not soft) *duro/a* m/f *doo*-ro/a

hat *cappello* m ka-*pe*-lo
have *avere* a-*ve*-re
hay fever *febbre* f *da fieno* fe-bre da *fye*-no
he *lui* loo-ee
head *testa* f *tes*-ta
headache *mal* m *di testa* mal dee *tes*-ta
headlights *fari* m pl *fa*-ree
heart *cuore* m *kwo*-re
heart condition *problema* m *cardiaco*
    pro-*ble*-ma kar-*dee*-a-ko
heat *caldo* m *kal*-do
heater *stufa* f *stoo*-fa
heavy *pesante* pe-*zan*-te
help *aiutare* a-*yoo*-ta-re
here *qui* kwee
high *alto/a* m/f *al*-to/a
hike *escursione* f *a piedi* es-koor-*syo*-ne
    a *pye*-de
hiking *escursionismo* m *a piedi*
    es-koor-syo-*neez*-mo a *pye*-de
hire *noleggiare* no-le-*ja*-re
hitchhike *fare l'autostop* fa-re low-to-stop
holidays *vacanze* f pl va-*kan*-tse
home *casa* f *ka*-za
homosexual *omosessuale* m&f
    o-mo-se-*swa*-le
honeymoon *luna* f *di miele* loo-na dee
    mye-le
horse riding *andare a cavallo* an-*da*-re
    a ka-*va*-lo
hospital *ospedale* m os-pe-*da*-le
hot *caldo/a* m/f *kal*-do/a
hotel *albergo* m al-*ber*-go
hour *ora* f *o*-ra
husband *marito* m ma-*ree*-to

I

ice *ghiaccio* m *gya*-cho
ice cream *gelato* m je-*la*-to

identification *documento* m *d'identità*
do-koo-*men*-to dee-den-*tee*-ta

identification card (ID) *carta* f *d'identità*
kar-ta dee-den-*tee*-ta

ill *malato/a* m/f ma-*la*-to/a

important *importante* eem-por-*tan*-te

impossible *impossibile* eem-po-*see*-bee-le

included *compreso/a* m/f kom-*pre*-zo/a

indigestion *indigestione* f
een-dee-je-*styo*-ne

infection *infezione* f een-fe-*tsyo*-ne

influenza *influenza* f een-floo-*en*-tsa

information *informazioni* f pl
een-for-ma-*tsyo*-nee

injection *iniezione* f ee-nye-*tsyo*-ne

injured *ferito/a* m/f fe-*ree*-to/a

injury *ferita* f fe-*ree*-ta

insurance *assicurazione* f
a-see-koo-ra-*tsyo*-ne

intermission *intervallo* m een-ter-*va*-lo

internet (café) *internet (point)* m
een-ter-net (poynt)

interpreter *interprete* m/f een-*ter*-pre-te

Ireland *Irlanda* f eer-*lan*-da

iron (for clothes) *ferro* m *da stiro* fe-ro
da *stee*-ro

island *isola* f *ee*-zo-la

IT *informatica* f een-for-*ma*-tee-ka

itch *prurito* m proo-*ree*-to

itinerary *itinerario* m ee-tee-ne-*ra*-ryo

J

jacket *giacca* f *ja*-ka

jeans *jeans* m pl jeens

jet lag *disturbi* m pl *da fuso orario*
dees-*toor*-bee da foo-zo o-ra-ryo

jewellery *gioielli* m pl jo-ye-lee

job *lavoro* m la-*vo*-ro

journalist *giornalista* m&f jor-na-*lee*-sta

jumper *maglione* m ma-*lyo*-ne

K

kilogram *chilo* m *kee*-lo

kilometre *chilometro* m kee-*lo*-me-tro

kind *gentile* jen-*tee*-le

kitchen *cucina* f koo-*chee*-na

knee *ginocchio* m jee-*no*-kyo

knife *coltello* m kol-*te*-lo

L

lake *lago* m *la*-go

language *lingua* f *leen*-gwa

laptop *(computer) portatile* m
(kom-*pyoo*-ter) por-*ta*-tee-le

last *ultimo/a* m/f *ool*-tee-mo/a

late *in ritardo* een ree-*tar*-do

laundrette *lavanderia* f *a gettone*
la-van-de-*ree*-a je-*to*-ne

laundry *lavanderia* f la-van-de-*ree*-a

law *legge* f *le*-je

lawyer *avvocato/a* m/f a-vo-*ka*-to/a

laxatives *lassativi* m pl la-sa-*tee*-vee

leather *cuoio* m *kwo*-yo

left (direction) *sinistra* f see-*nee*-stra

left luggage (office) *deposito* m *bagagli*
de-*po*-zee-to ba-*ga*-lyee

leg *gamba* f *gam*-ba

lens *obiettivo* m o-bye-*tee*-vo

lesbian *lesbica* f *lez*-bee-ka

less *(di) meno* (dee) *me*-no

letter *lettera* f *le*-te-ra

library *biblioteca* f bee-blyo-*te*-ka

life jacket *giubbotto* m *di salvataggio*
joo-*bo*-to dee sal-va-*ta*-jo

lift (elevator) *ascensore* m a-shen-*so*-re

light *luce* f *loo*-che
light (colour) *chiaro/a* m/f *kya*-ro/a
light (not heavy) *leggero/a* m/f *le*-*je*-ro/a
light meter *esposimetro* m es-po-*zee*-me-tro
lighter *accendino* m a-chen-*dee*-no
like *piacere* pya-*che*-re
lipstick *rossetto* m ro-*se*-to
liquor store *bottiglieria* f bo-tee-lye-*ree*-a
listen *ascoltare* as-kol-*ta*-re
local *locale* lo-*ka*-le
locked *chiuso/a* m/f (*a chiave*) kyoo-zo/a (a *kya*-ve)
long *lungo/a* m/f *loon*-go/a
lost *perso/a* m/f *per*-so/a
loud *forte* m/f *for*-te
love *amare* a-*ma*-re
lubricant *lubrificante* m loo-bree-fee-*kan*-te
luggage *bagaglio* m ba-*ga*-lyo
luggage lockers *armadietti* m pi *per i bagagli* ar-ma-*dye*-tee per ee ba-*ga*-lyee
lunch *pranzo* m *pran*-dzo

M

mail *posta* f *pos*-ta
mail box *buca* f *delle lettere* boo-ka de-le *le*-te-re
make-up *trucco* m *troo*-ko
man *uomo* m *wo*-mo
manager *manager* m *me*-nee-je
map *pianta* f *pyan*-ta
market *mercato* m mer-*ka*-to
married *sposato/a* m/f spo-*za*-to/a
massage *massaggio* m ma-*sa*-jo
match (sport) *partita* f par-*tee*-ta
matches *fiammiferi* m pi fya-*mee*-fe-ree
meat *carne* f *kar*-ne

medicine *medicina* f me-dee-*chee*-na
menu *menu* m me-*noo*
message *messaggio* m me-*sa*-jo
metro station *stazione* f *della metropolitana* sta-*tsyo*-ne de-la me-tro-po-lee-*ta*-na
microwave oven *forno* m *a microonde* for-no a mee-kro-*on*-de
midnight *mezzanotte* f me-dza *no*-te
milk *latte* m *la*-te
millimetre *millimetro* m mee-*lee*-me-tro
mineral water *acqua* f *minerale* a-kwa mee-ne-*ra*-le
minute *minuto* m mee-*noo*-to
mirror *specchio* m *spe*-kyo
mobile phone (telefono) *cellulare* m (te-*le*-fo-no) che-loo-*la*-re
modem *modem* m *mo*-dem
modern *moderno/a* m/f mo-*der*-no/a
money *denaro* m de-*na*-ro
month *mese* m *me*-ze
more (di) più (dee) *pyoo*
morning *mattina* f ma-*tee*-na
mother *madre* f *ma*-dre
mother-in-law *suocera* f *swo*-che-ra
motorway (tollway) *autostrada* f ow-to-*stra*-da
mountain *montagna* f mon-*ta*-nya
mouth *bocca* f *bo*-ka
movie *film* m feelm
museum *museo* m moo-*ze*-o
music *musica* f *moo*-zee-ka

N

nail clippers *tagliaunghie* f ta-lya-*oon*-gye
name *nome* m *no*-me
napkin *tovagliolo* m to-va-*lyo*-lo
nappy *pannolino* m pa-no-*lee*-no

near (to) *vicino (a)* vee-*chee*-no (a)

nearby *vicino/a* m/f vee-*chee*-no/a

needle (sewing) *ago* m *a*-go

needle (syringe) *ago* m *da siringa a*-go da
see-*reen*-ga

Netherlands *Paesi Bassi* m pl pa-e-zee
ba-see

new *nuovo/a* m/f *nwo*-vo/a

New Year's Day *Capodanno* m *ka*-po da-no

New Year's Eve *san Silvestro* m san
seel-*ves*-tro

New Zealand *Nuova Zelanda* f *nwo*-va
dze-*lan*-da

news *notizie* f pl no-*tee*-tsye

newsagency *edicola* f e-*dee*-ko-la

newspaper *giornale* m jor-*na*-le

next *prossimo/a* m/f *pro*-see-mo/a

night *notte* f *no*-te

no *no* no

noisy *rumoroso/a* m/f roo-mo-*ro*-zo/a

nonsmoking *non fumatore* non
foo-ma-*to*-re

north *nord* m nord

notebook *quaderno* m kwa-*der*-no

nothing *niente* nyen-te

now *adesso* a-*de*-so

number *numero* m *noo*-me-ro

nurse *infermiere/a* m/f een-fer-*mye*-re/a

O

ocean *oceano* m o-*che*-a-no

oil *olio* m o-lyo

on *su* soo

one-way (ticket) *(un biglietto di) solo
andata* (oon bee-*lye*-to dee) *so*-lo an-*da*-ta

only *solo* so-lo

open *aperto/a* m/f a-*per*-to/a

open *aprire* a-*pree*-re

opening hours *orario* m *di apertura*
o-*ra*-ryo dee a-per-*too*-ra

orange (colour) *arancione* a-ran-*cho*-ne

other *altro/a* m/f *al*-tro/a

outside *fuori* *fwo*-ree

P

pacifier *ciucciotto* m choo-*cho*-to

packet (general) *pacchetto* m pa-*ke*-to

padlock *lucchetto* m loo-*ke*-to

pain *dolore* m do-*lo*-re

painful *doloroso/a* m/f do-lo-*ro*-zo/a

painkillers *analgesico* m an-al-*je*-zee-ko

painter *pittore/pittrice* m/f pee-*to*-re/
pee-*tree*-che

painting (the art) *pittura* f pee-*too*-ra

palace *palazzo* m pa-*la*-tso

pants *pantaloni* m pl pan-ta-*lo*-nee

panty liners *salva slip* m pl *sal*-va sleep

pantyhose *collant* f pl ko-*lant*

paper *carta* f *kar*-ta

paperwork *moduli* m pl *mo*-doo-lee

parcel *pacchetto* m pa-*ke*-to

parents *genitori* m pl je-nee-*to*-ree

park *parco* m *par*-ko

party (celebration) *festa* f fes-ta

passenger *passeggero/a* m/f pa-se-*je*-ro/a

passport *passaporto* m pa-sa-*por*-to

path *sentiero* m sen-*tye*-ro

payment *pagamento* m pa-ga-*men*-to

pen (ballpoint) *penna* f *(a sfera)* pe-na
(a *sfe*-ra)

pencil *matita* f ma-*tee*-ta

penis *pene* m *pe*-ne

penknife *temperino* m tem-pe-*ree*-no

pensioner *pensionato/a* m/f
pen-syo-*na*-to/a

per (day) *al (giorno)* al *(jor*-no)

Q English–Italian dictionary

perfume *profumo* m pro-*foo*-mo
petrol *benzina* f ben-*dzee*-na
petrol station *distributore* m
dee-stree-boo-*to*-re
pharmacy *farmacia* f far-ma-*chee*-a
phone book *elenco* m *telefonico* e-*len*-ko
te-le-*fo*-nee-ko
phone box *cabina* f *telefonica* ka-*bee*-na
te-le-*fo*-nee-ka
phone call *chiamata* f kya-*ma*-ta
photo *foto* f *fo*-to
photographer *fotografo* m fo-*to*-gra-fo
photography *fotografia* f fo-to-gra-*fee*-a
phrasebook *vocabolarietto* m
vo-ka-bo-la-*rye*-to
picnic *picnic* m *peek*-neek
pill *pillola* f *pee*-lo-la
pillow *cuscino* m koo-*shee*-no
pillowcase *federa* f *fe*-de-ra
pink *rosa* m/f *ro*-za
plane *aereo* m a-*e*-re-o
plate *piatto* m *pya*-to
platform *binario* m bee-*na*-ryo
play (theatre) *commedia* f ko-*me*-dya
plug (bath) *tappo* m *ta*-po
plug (electricity) *spina* f *spee*-na
point *indicare* een-dee-*ka*-re
police (civilian) *polizia* f po-lee-*tsee*-a
police (military) *carabinieri* m pl
ka-ra-bee-*nye*-ree
police station *posto* m *di polizia* pos-to m dee
po-lee-*tsee*-a
pool (swimming) *piscina* f pee-*shee*-na
post code *codice* m *postale* ko-dee-che
pos-*ta*-le
post office *ufficio* m *postale* oo-*fee*-cho
pos-*ta*-le
postcard *cartolina* f kar-to-*lee*-na
pound (money) *sterlina* f ster-*lee*-na
pregnant *incinta* een-*cheen*-ta

prescription *ricetta* f ree-*che*-ta
present (gift) *regalo* m re-*ga*-lo
price *prezzo* m *pre*-tso
printer (computer) *stampante* f
stam-*pan*-te
private *privato/a* m/f pree-*va*-to/a
pub *pub* m poob
public telephone *telefono* m *pubblico*
te-*le*-fo-no *poo*-blee-ko
purple *viola* vee-*o*-la

Q

quiet *tranquillo/a* m/f tran-*kwee*-lo/a

R

rain *pioggia* m *pyo*-ja
raincoat *impermeabile* m
eem-per-me-*a*-bee-le
rare *raro/a* m/f *ra*-ro/a
razor *rasoio* m *(elettrico)* ra-*zo*-yo
(e-*le*-tree-ko)
razor blades *lamette* f pl *(da barba)*
la-*me*-te (da *bar*-ba)
receipt *ricevuta* f ree-che-*voo*-ta
recommend *raccomandare*
ra-ko-man-*da*-re
red *rosso/a* m/f *ro*-so/a
refrigerator *frigo* m *free*-go
refund *rimborso* m reem-*bor*-so
registered mail *(posta) raccomandata* f
(pos-ta) ra-ko-man-*da*-ta
remote control *telecomando* m
te-le-ko-*man*-do
repair *riparare* ree-pa-*ra*-re
reservation *prenotazione* f
pre-no-ta-*tsyo*-ne
restaurant *ristorante* m rees-to-*ran*-te

return (ticket) *(biglietto) di andata e ritorno* (bee-*lye*-to) dee an-*da*-ta e ree-*tor*-no
right (direction) *a destra* a de-*stra*
river *fiume* m *fyoo*-me
rock (music) *(musica)* f *rock* (moo-zee-ka) rok
romantic *romantico/a* m/f ro-*man*-tee-ko/a
room *camera* f *ka*-me-ra
ruins *rovine* f pl ro-*vee*-ne

S

safe *sicuro/a* m/f see-*koo*-ro/a
safe sex *rapporti* m pl *protetti* ra-*por*-tee pro-*te*-tee
sanitary napkins *assorbenti* m pl *igienici* as-or-*ben*-tee ee-*je*-nee-chee
scarf *sciarpa* f *shar*-pa
science *scienza* f *shen*-tsa
scissors *forbici* f pl for-bee-chee
Scotland *Scozia* f *sko*-tsya
sculpture *scultura* f skool-*too*-ra
sea *mare* m *ma*-re
season *stagione* f sta-*jo*-ne
seat (place) *posto* m *pos*-to
seatbelt *cintura* f *di sicurezza* cheen-*too*-ra dee see-koo-*re*-tsa
second class *seconda classe* f se-*kon*-da *kla*-se
self-service *self-service* self-*ser*-vees
service *servizio* m ser-*vee*-tsyo
service charge *servizio* m ser-*vee*-tsyo
service station *stazione* f *di servizio* sta-*tsyo*-ne dee ser-*vee*-tsyo
sex *sesso* m *se*-so
shade *ombra* f *om*-bra
shape *forma* f *for*-ma
share (with) *condividere* kon-dee-*vee*-de-re
shave *fare la barba* fa-re la *bar*-ba

shaving cream *crema* f *da barba* kre-ma da *bar*-ba
sheet (bed) *lenzuolo* m len-*tswo*-lo
shirt *camicia* f ka-*mee*-cha
shoe shop *negozio* m *di scarpe* ne-*go*-tsyo dee *skar*-pe
shoes *scarpe* f pl *skar*-pe
shop *negozio* m ne-*go*-tsyo
shopping centre *centro* m *commerciale* *chen*-tro ko-mer-*cha*-le
short (height) *basso/a* m/f *ba*-so/a
short (length) *corto/a* m/f *kor*-to/a
shorts *pantaloncini* m pl pan-ta-lon-*chee*-nee
shoulder *spalla* f *spa*-la
show *mostrare* mos-*tra*-re
shower *doccia* f *do*-cha
shut *chiuso/a* m/f *kyoo*-zo/a
sick *malato/a* m/f ma-*la*-to/a
silk *seta* f *se*-ta
silver *argento* m ar-*jen*-to
single (man) *celibe* m *che*-lee-be
single (woman) *nubile* f *noo*-bee-le
single room *camera* f *singola* ka-me-ra *seen*-go-la
sister *sorella* f so-*re*-la
size (general) *dimensioni* f pl dee-men-*syo*-nee
skiing *sci* m shee
skirt *gonna* f *go*-na
sleep *dormire* dor-*mee*-re
sleeping bag *sacco* m *a pelo* sa-ko a *pe*-lo
sleeping car *vagone* m *letto* va-*go*-ne *le*-to
slice *fetta* f *fe*-ta
slide (film) *diapositiva* m dee-a-po-zee-*tee*-va
slowly *lentamente* len-ta-*men*-te
small *piccolo/a* m/f pee-ko-lo/a
smell *odore* m o-*do*-re
smoke *fumare* foo-*ma*-re

T English–Italian dictionary

snack *spuntino* m spoon·*tee*·no
snow *neve* f *ne*·ve
soap *sapone* m sa·*po*·ne
socks *calzini* m pl cal·*tsee*·nee
some *alcuni/e* m/f pl al·*koo*·nee/al·*koo*·ne
son *figlio* m *fee*·lyo
soon *fra poco* fra *po*·ko
south *sud* m sood
souvenir *ricordino* m ree·kor·*dee*·no
souvenir shop *negozio* m *di souvenir*
   ne·*go*·tsyo dee *soo*·ve·neer
Spain *Spagna* f *spa*·nya
speak *parlare* par·*la*·re
speed limit *limite* m *di velocità* lee·mee·te
   dee ve·lo·chee·*ta*
spoon *cucchiaio* m koo·*kya*·yo
sports store *negozio* m *di articoli*
   sportivi ne·*go*·tsyo dee ar·*tee*·ko·lee
   spor·*tee*·vee
sprain *storta* f *stor*·ta
spring (season) *primavera* f pree·ma·*ve*·ra
square (town) *piazza* f *pya*·tsa
stairway *scale* f pl *ska*·le
stamp *francobollo* m fran·ko·*bo*·lo
standby (ticket) (in lista) *d'attesa* (een
   lee·sta) da·*te*·za
station *stazione* f sta·*tsyo*·ne
stationer *cartolaio* m kar·to·*la*·yo
stockings *calze* f pl *kal*·tse
stolen *rubato/a* m/f*roo·ba*·to/a
stomach *stomaco* m *sto*·ma·ko
stomach ache *mal* m *di pancia* mal dee
   pan·cha
stop *fermare* fer·*ma*·re
student *studente/studentessa* m/f
   stoo·*den*·te/stoo·den·*te*·sa
subway *metropolitana* f
   me·tro·po·lee·*ta*·na
suitcase *valigia* f va·*lee*·ja
summer *estate* f es·*ta*·te

sun *sole* m *so*·le
sunblock *crema* f *solare* kre·ma so·*la*·re
sunburn *scottatura* f sko·ta·*too*·ra
sunglasses *occhiali* m pl *da sole* o·*kya*·lee
   da *so*·le
sunscreen *crema* f *solare* kre·ma so·*la*·re
sunset *tramonto* m tra·*mon*·to
supermarket *supermercato* m
   soo·per·mer·*ka*·to
surface mail *posta* f *ordinaria* pos·ta
   or·dee·na·*rya*
surname *cognome* m ko·*nyo*·me
sweater *maglione* m ma·*lyo*·ne
sweet *dolce* dol·*che*
swim *nuotare* nwo·*ta*·re
swimming pool *piscina* f *pee·shee*·na
swimsuit *costume* m *da bagno* ko·*stoo*·me
   da *ba*·nyo

T

tailor *sarto* m *sar*·to
take (photo) *fare* fa·re
tampons *tamponi* m pl tam·*po*·nee
tanning lotion *lozione* f *abbronzante*
   lo·*tsyo*·ne a·bron·*dzan*·te
tap (faucet) *rubinetto* m roo·bee·*ne*·to
tasty *gustoso/a* m/f goo·*sto*·zo/a
taxi *tassì* m ta·*see*
taxi stand *posteggio* m *di tassì* po·*ste*·jo
   dee ta·*see*
tea *tè* m te
teaspoon *cucchiaino* m koo·kya·*ee*·no
telegram *telegramma* m te·le·*gra*·ma
telephone *telefono* m te·*le*·fo·no
telephone *telefonare* te·le·fo·*na*·re
television *televisione* f te·le·vee·*zyo*·ne
tennis *tennis* m *te*·nees

tennis court *campo* m *da tennis kam-po da te-nees*

theatre *teatro* m *te-a-tro*

there *là la*

this (one) *questo/a* m/f *kwe-sto/a*

throat *gola* f *go-la*

ticket *biglietto* m *bee-lye-to*

ticket machine *distributore* m *automatico di biglietti* dee-stree-boo-to-re ow-to-ma-tee-ko dee bee-lye-tee

ticket office *biglietteria* f bee-lye-te-ree-a

time difference *differenza* f *di fuso orario* dee-fe-ren-tsa dee foo-zo o-ra-ryo

timetable *orario* m o-ra-ryo

tin (can) *scatoletta* f ska-to-le-ta

tin opener *apriscatole* m a-pree-ska-to-le

tip (gratuity) *mancia* f man-cha

tired *stanco/a* m/f stan-ko/a

tissues *fazzoletti* m pl *di carta* fa-tso-le-tee-nee dee kar-ta

toast *pane* m *tostato* pa-ne tos-ta-to

toaster *tostapane* m tos-ta-pa-ne

today *oggi* o-jee

together *insieme* een-sye-me

toilet *gabinetto* m ga-bee-ne-to

toilet paper *carta* f *igienica* kar-ta ee-je-nee-ka

tomorrow *domani* do-ma-nee

tonight *stasera* sta-se-ra

too (expensive) *troppo (caro/a)* tro-po (ka-ro/a)

toothache *mal* m *di denti* mal dee den-tee

toothbrush *spazzolino* m *da denti* spa-tso-lee-no da den-tee

toothpaste *dentifricio* m den-tee-free-cho

torch (flashlight) *torcia* f *elettrica* tor-cha e-le-tree-ka

tour *gita* f jee-ta

tourist *turista* m&f too-ree-sta

tourist office *ufficio* m *del turismo* oo-fee-cho del too-reez-mo

towel *asciugamano* m a-shoo-ga-ma-no

train *treno* m tre-no

train station *stazione* f *(ferroviaria)* sta-tsyo-ne (fe-ro-vyar-ya)

transit lounge *sala* f *di transito* sa-la dee tran-zee-to

translate *tradurre* tra-doo-re

travel agency *agenzia* f *di viaggio* a-jen-tsee-a dee vee-a-jo

travel sickness (air) *mal* m *di aereo* mal dee a-e-re-o

travel sickness (car) *mal* m *di macchina* mal dee ma-kee-na

travel sickness (sea) *mal* m *di mare* mal dee ma-re

travellers cheque *assegno* m *di viaggio* a-se-nyo dee vee-a-jo

trolley (luggage) *carrello* m ka-re-lo

trousers *pantaloni* m pl pan-ta-lo-nee

try *provare* pro-va-re

T-shirt *maglietta* f ma-lye-ta

TV *TV* f tee-voo

tweezers *pinzette* f pl peen-tse-te

twin beds *due letti* doo-e le-tee

twins *gemelli/e* m/f pl je-me-lee/je-me-le

tyre *gomma* f go-ma

U

umbrella *ombrello* m om-bre-lo

uncomfortable *scomodo/a* m/f sko-mo-do/a

underwear *biancheria* f *intima* byan-ke-ree-a een-tee-ma

university *università* f oo-nee-ver-see-ta

until *fino a* fee-no a

up *su* soo

urgent *urgente* m/f oor-jen-te

USA *Stati* m pl *Uniti d'America* sta-tee oo-nee-tee da-me-ree-ka

V English–Italian dictionary

V

vacant *libero/a* m/f lee-be-ro/a
vacation *vacanza* f va-kan-tsa
vaccination *vaccinazione* f
va-chee-na-tsyo-ne
vagina *vagina* f va-jee-na
validate *convalidare* kon-va-lee-da-re
valuable *prezioso/a* m/f pre-tsyo-zo/a
vegetable *verdura* f ver-doo-ra
vegetarian *vegetariano/a* m/f
ve-je-ta-rya-no/a
video camera *videocamera* f
vee-de-o-ka-me-ra
video tape *videonastro* m
vee-de-o-nas-tro
view *vista* f vee-sta
visa *visto* m vee-sto

W

wait *aspettare* as-pe-ta-re
waiter *cameriere/a* m/f ka-mer-ye-re/a
waiting room *sala* f *d'attesa*
sa-la da-te-sa
wake up *svegliarsi* sve-lyar-see
walk *passeggiata* f pa-se-ja-ta
walk *camminare* ka-mee-na-re
warm *tiepido/a* m/f tye-pee-do/a
wash (something) *lavare* la-va-re
washing machine *lavatrice* f la-va-tree-che
watch *guardare* gwar-da-re
water *acqua* f a-kwa
water bottle *borraccia* f bo-ra-cha
week *settimana* f se-tee-ma-na
weekend *fine* m *settimana* fee-ne
se-tee-ma-na
west *ovest* m o-vest

wheelchair *sedia* f *a rotelle* se-dya a
ro-te-le
when *quando* kwan-do
where *dove* do-ve
white *bianco/a* m/f byan-ko/a
who *chi* kee
why *perché* per-ke
wife *moglie* f mo-lye
window (car, plane) *finestrino* m
fee-nes-tree-no
window (general) *finestra* f
fee-nes-tra
wine *vino* m vee-no
wine cellar *cantina* f kan-tee-na
wine tasting *degustazione* f *dei vini*
de-goos-ta-tsyo-ne day vee-nee
winery *cantina* f kan-tee-na
winter *inverno* m een-ver-no
without *senza* sen-tsa
woman *donna* f do-na
wool *lana* f la-na
write *scrivere* skree-ve-re

Y

year *anno* m a-no
yellow *giallo/a* m/f ja-lo/a
yes *sì* see
yesterday *ieri* ye-ree
you (inf) *tu* too
you (polite) *Lei* lay
youth hostel *ostello* m *della gioventù*
os-te-lo de-la jo-ven-too

Z

zoo *giardino* m *zoologico* jar-dee-no
dzo-o-lo-jee-ko

A

abbastanza a·bas·*tan*·tsa *enough*
abbigliamento m a·bee·lya·*men*·to *clothing*
abito m *a*·bee·to *dress*
accetazione f a·che·ta·*tsyo*·ne *check-in (airport)*
acqua f *a*·kwa *water*
acqua f **minerale** *ak*·wa mee·ne·*ra*·le *mineral water*
adesso a·*de*·so *now*
aeroporto m a·e·ro·*por*·to *airport*
affari m pl a·*fa*·ree *business*
agenzia f **di viaggio** a·jen·*tsee*·a dee vee·*a*·jo *travel agency*
aiutare a·yoo·*ta*·re *help*
albergo m al·*ber*·go *hotel*
alloggio m a·*lo*·jo *accommodation*
altro ieri m ye·ree day before yesterday
ambasciata f am·ba·*sha*·ta *embassy*
amico/a m/f a·*mee*·ko/a *friend*
anno m *a*·no *year*
aperto/a m/f a·*per*·to/a *open*
appuntamento m a·poon·ta·*men*·to *appointment • date*
arancia f a·*ran*·cha *orange (fruit)*
arancione a·ran·*cho*·ne *orange (colour)*
aria f **condizionata** *a*·ree·a kon·dee·*tsyo*·na·ta *air conditioning*
armadietti m pl **per i bagagli** ar·ma·*dye*·tee per ee ba·*ga*·lyee *luggage lockers*
arrivi m pl a·*ree*·vee *arrivals*
assegno m **di viaggio** a·*se*·nyo dee vee·*a*·jo *travellers cheque*
assicurazione f a·see·koo·ra·*tsyo*·ne *insurance*
autobus m *ow*·to·boos *bus (city)*
autonoleggio m ow·to·no·*le*·jo *car hire*
azzurro/a m/f a·*dzoo*·ro/a *(light) blue*

B

bagaglio in eccedenza ba·*ga*·lyo een e·che·*den*·tsa *excess baggage*
bagaglio m ba·*ga*·lyo *luggage*
bagaglio consentito ba·*ga*·lyo kon·sen·*tee*·to *baggage allowance*
bagno m *ba*·nyo *bath • bathroom*
bambino/a m/f bam·*bee*·no/a *child*
Bancomat m *ban*·ko·mat *automatic teller machine (ATM)*
barca f *bar*·ka *boat*
bebé m&f be·*be baby*
bello/a m/f *be*·lo/a *beautiful • handsome • good (weather)*
bere *be*·re *drink*
bevanda f be·*van*·da *drink*
biancheria f **intima** byan·ke·*ree*·a een·*tee*·ma *underwear*
bianco e nero byan·ko e *ne*·ro *B&W*
bianco/a m/f *byan*·ko/a *white*
bicicletta f bee·chee·*kle*·ta *bicycle*
biglietteria f bee·lye·te·*ree*·a *ticket office*
biglietto m bee·*lye*·to *ticket*
biglietto di andata e ritorno bee·*lye*·to dee an·*da*·ta e ree·*tor*·no *return ticket*
bimbo/a m/f *beem*·bo/a *baby*
binario m bee·*na*·ryo *platform*
birra f *bee*·ra *beer*
blu bloo *blue (dark)*
bollo m **di circolazione** *bo*·lo dee cheer·ko·la·*tsyo*·ne *car registration*
borsa f *bor*·sa *bag (general)*
bottiglia f bo·*tee*·lya *bottle*

C

cabina f **telefonica** ka·*bee*·na te·le·*fo*·nee·ka *phone box*
caffè m ka·*fe coffee*

C Italian–English dictionary

caldo/a m/f *kal·*do/a *hot*
calzini m pl kal·*tsee·*nee *socks*
cambiare kam·*bya·*re *change*
cambio m *kam·*byo *exchange • change*
cambio di valuta *kam·*byo va·*loo·*ta *currency exchange*
camera doppia *ka·*me·ra *do·*pya *double room*
camera da letto *ka·*me·ra da *le·*to *bedroom*
camera singola *ka·*me·ra *seen·*go·la *single room*
camicia f ka·*mee·*cha *shirt*
camminare ka·mee·*na·*re *walk*
campagna f kam·*pa·*nya *countryside*
cancellare kan·chel·*la·*re *cancel*
cane m *ka·*ne *dog*
cappello m ka·*pe·*lo *hat*
cappotto m ka·*po·*to *coat*
carabinieri m pl ka·ra·bee·*nye·*ree *police (military)*
carne f *kar·*ne *meat*
caro/a m/f *ka·*ro/a *expensive*
carrozza ristorante ka·*ro·*tsa rees·to·*ran·*te *dining car*
carta f *kar·*ta *paper*
carta d'identità *kar·*ta dee·den·tee·*ta identification card (ID)*
carta d'imbarco *kar·*ta deem·*bar·*ko *boarding pass*
carta di credito *kar·*ta dee *kre·*dee·to *credit card*
cartolaio m kar·to·*la·*yo *stationer*
cartolina f kar·to·*lee·*na *postcard*
cassiere/a m/f ka·*sye·*re/a *cashier*
cattivo/a m/f ka·*tee·*vo/a *bad*
celibe m *che·*lee·be *single (man)*
cellulare m che·loo·*la·*re *mobile phone*
cena f *che·*na *dinner*
centro commerciale *chen·*tro ko·mer·*cha·*le *shopping centre*
cerotti m pl che·*ro·*tee *Band-aids*

chi kee *who*
chiave f *kya·*ve *key*
chiuso/a m/f *kyoo·*zo/a *closed • shut • locked*
ciascuno/a m/f chas·*koo·*no/a *each*
cintura di sicurezza cheen·*too·*ra dee see·koo·*re·*tsa *seatbelt*
circo m *cheer·*ko *circus*
città f *chee·ta city*
classe business *kla·*se *beez·*nes *business class*
classe turistica *kla·*se too·ree·*stee·*ka *economy class*
collant f pl ko·*lant pantyhose*
commedia f ko·*me·*dya *play (theatre)*
comodo/a m/f *ko·*mo·do/a *comfortable*
compagno/a m/f kom·*pa·*nyo/a *companion • partner (intimate)*
compleanno m kom·ple·*a·*no *birthday*
completo/a m/f kom·*ple·*to/a *booked out*
comprare kom·*pra·*re *buy*
compreso/a m/f kom·*pre·*zo/a *included*
computer m kom·*pyoo·*ter *computer*
condividere kon·dee·*vee·*de·re *share (with)*
confermare kon·fer·*ma·*re *confirm (a booking)*
confine m kon·*fee·*ne *border*
congelato/a m/f kon·je·*la·*to/a *frozen*
conto m *kon·*to *bill (account)*
conto in banca *kon·*to een *ban·*ka *bank account*
convalidare kon·va·lee·*da·*re *validate*
coperta f ko·*per·*ta *blanket*
coperto m ko·*per·*to *cover charge (restaurant)*
cucina f koo·*chee·*na *kitchen*
cucinare koo·chee·*na·*re *cook*
cuoco/a m/f *kwo·*ko/a *cook • chef (restaurant)*
cuoio m *kwo·*yo *leather*
cuscino m koo·*shee·*no *pillow*

D

data f **di nascita** *da*-ta dee *na*-shee-ta *date of birth*

deposito m de-*po*-zee-to *deposit (bank)*

deposito m **bagagli** de-*po*-zee-to ba-*ga*-lyee *left luggage (office)*

diapositiva m dee-a-po-zee-*tee*-va *slide (film)*

dimensioni f pl dee-men-*syo*-nee *size (general)*

diretto/a m/f dee-*re*-to/a *direct*

distributore m **automatico di biglietti** dees-tree-boo-*to*-re ow-to-*ma*-tee-ko dee bee-*lye*-tee *ticket machine*

distributore m **di servizio** dees-tree-boo-*to*-re dee ser-*vee*-tsyo *petrol station • service station*

dito m *dee*-to *finger*

doccia f *do*-cha *shower*

dogana f do-*ga*-na *customs*

domani do-*ma*-nee *tomorrow*

domani mattina do-*ma*-nee ma-*tee*-na *tomorrow morning*

domani pomeriggio do-*ma*-nee po-me-*ree*-jo *tomorrow afternoon*

domani sera do-*ma*-nee *se*-ra *tomorrow evening*

dopodomani do-po-do-*ma*-nee *day after tomorrow*

dormire dor-*mee*-re *sleep*

dove *do*-ve *where*

drogheria f dro-ge-*ree*-a *grocery*

E

edicola f e-*dee*-ko-la *newsagency*

edificio m e-dee-*fee*-cho *building*

elenco m **telefonico** e-*len*-ko te-le-*fo*-nee-ko *phone book*

entrare en-*tra*-re *enter*

entrata f en-*tra*-ta *entry*

erba f *er*-ba *grass • pot (dope)*

esposizione f es-po-zee-*tsyo*-ne *exhibition*

espresso/a m/f es-*pre*-so/a *express*

est m est *east*

estate f es-*ta*-te *summer*

F

fagioli m pl fa-*jo*-lee *beans*

famiglia f fa-*mee*-lya *family*

fantastico/a m/f fan-*tas*-tee-ko/a *great*

farmacia f far-ma-*chee*-a *pharmacy*

federa f fe-*de*-ra *pillowcase*

figlia f *fee*-lya *daughter*

figlio m *fee*-lyo *son*

finestra f fee-*nes*-tra *window (general)*

finestrino f fee-nes-*tree*-no *window (car, plane)*

foresta f fo-*res*-ta *forest*

fra poco fra *po*-ko *soon*

francobollo m fran-ko-*bo*-lo *stamp*

fratello m fra-*te*-lo *brother*

freno m *fre*-no *brake*

fresco/a m/f *fres*-ko/a *fresh*

fumare foo-*ma*-re *smoke*

G

galleria f **d'arte** ga-le-*ree*-a *dar*-te *art gallery*

gas m gaz *gas (for cooking)*

gentile jen-*tee*-le *kind • nice (person)*

giacca f *ja*-ka *jacket*

giallo/a m/f *ja*-lo/a *yellow*

giardino m jar-*dee*-no *garden*

gioielli m pl jo-*ye*-lee *jewellery*

giornale m jor-*na*-le *newspaper*

giorno m *jor*-no *day*

Italian—English dictionary

gita f *jee*-ta *tour • trip*
gonna f *go*-na *skirt*
grande *gran*-de *big • large*
grande magazzino m *gran*-de ma-ga-*dzee*-no *department store*
gratuito/a m/f gra-*too*-ee-to/a *free (gratis) • com*pl*imentary (free)*
grigio/a m/f *gree*-jo/a *grey*
gruppo sanguigno *groo*-po san-*gwee*-nyo *blood group*
guanti m *gwan*-tee *gloves*
guardaroba m gwar-da-*ro*-ba *cloakroom*

I

ieri *ye*-ree *yesterday*
in fondo een *fon*-do *at the bottom • after all*
in lista d'attesa een *lee*-stada-*te*-za *standby (ticket)*
in ritardo (adv) een ree-*tar*-do *late*
incidente m een-chee-*den*-te *accident*
influenza f een-floo-*en*-tsa *flu • influenza*
informazioni f pl een-for-ma-*tsyo*-nee *information*
inglese een-*gle*-ze *English*
insieme een-*sye*-me *together*
internet (point) m een-ter-net (poynt) *internet (cafe)*
interprete m/f een-*ter*-pre-te *interpreter*
intervallo m een-ter-*va*-lo *intermission*
inverno m een-*ver*-no *winter*
itinerario m ee-tee-ne-*ra*-ryo *itinerary • route*

J

jeans m pl *jeens* *jeans*

L

lana f *la*-na *wool*
latte m *la*-te *milk*
lavanderia la-van-de-*ree*-a *laundry (room)*
lavanderia a gettone la-van-de-*ree*-a a je-*to*-ne *laundrette*
lavare la-*va*-re *wash (something)*
lavarsi la-*var*-see *wash (oneself)*
lavatrice f la-va-*tree*-che *washing machine*
Lei pol lay *you (polite)*
lettera f *le*-te-ra *letter*
letto m *le*-to *bed*
letto matrimoniale *le*-to ma-tree-mo-*nya*-le *double bed*
libreria f lee-bre-*ree*-a *bookshop*
libretto di circolazione lee-*bre*-to dee cheer-ko-la-*tsyo*-ne *car owner's title*
libro m *lee*-bro *book*
linea aerea *lee*-ne-a a-e-re-a *airline*
Loro pl pol *lo*-ro *you*
luna di miele *loo*-na dee *mye*-le *honeymoon*

M

macchina f *ma*-kee-na *car • machine*
macchina fotografica *ma*-kee-na fo-to-*gra*-fee-ka *camera*
macelleria f ma-che-le-*ree*-a *butcher's shop*
madre f *ma*-dre *mother*
maglione m ma-*lyo*-ne *jumper • sweater*
mancia f *man*-cha *tip (gratuity)*
mangiare man-*ja*-re *eat*
marciapiede m mar-cha-*pye*-de *footpath*
mare m *ma*-re *sea*
marrone m/f ma-*ro*-ne *brown*
mattina f ma-*tee*-na *morning*
medicina f me-dee-*chee*-na *medicine*
medico m *me*-dee-ko *doctor*

menù m me·*noo* menu
mercato m mer·*ka*·to market
mese m *me*·ze month
mezzanotte f me·dza·*no*·te midnight
mezzo m *me*·dzo half
moda f *mo*·da fashion
modem m *mo*·dem modem
moglie f *mo*·lye wife
montagna f mon·*ta*·nya mountain
mostrare mos·*tra*·re show
multa f *mool*·ta fine (payment)
musica f *moo*·zee·ka music

N

Natale m na·*ta*·le Christmas
negozio m ne·*go*·tsyo shop
nero/a m/f *ne*·ro/a black
neve f *ne*·ve snow
no no no
noleggiare no·le·*ja*·re hire
nome m *no*·me name
non non no · not
non fumatore non foo·ma·*to*·re
    nonsmoking
nord m nord north
notte f *no*·te night
nubile f *noo*·bee·le single (woman)
numero m *noo*·me·ro number
numero m di camera *noo*·me·ro dee
    ka·me·ra room number
nuotare nwo·*ta*·re swim

O

occhiali m pl o·*kya*·lee glasses (spectacles)
oggi o·*jee* today
olio m o·*lyo* oil
ora f o·*ra* hour
orario m o·*ra*·ryo timetable
orario m di apertura o·*ra*·ryo dee
    a·per·*too*·ra opening hours

oro m o·*ro* gold
ospedale m os·pe·*da*·le hospital
ostello m della gioventù os·*te*·lo de·la
    jo·ven·*too* youth hostel
ovest m o·*vest* west

P

padre m *pa*·dre father
pagamento m pa·ga·*men*·to payment
palazzo m pa·*la*·tso palace
pane m *pa*·ne bread
panetteria f pa·ne·te·re·a bakery
pannolino m pa·no·*lee*·no diaper · nappy
pantaloni m pl pan·ta·*lo*·nee pants · trousers
parrucchiere m pa·roo·*kye*·re beauty salon
partenza f par·*ten*·tsa departure
partire par·*tee*·re depart · leave
passaporto m pa·sa·*por*·to passport
passeggero/a m/f pa·se·*je*·ro/a passenger
passeggiata f pa·se·*ja*·ta walk
pasticceria f pa·stee·che·*ree*·a cake shop
pasto m *pas*·to meal
patente f (di guida) pa·*ten*·te
    (dee*gwee*·da) drivers licence
pellicola f pe·*lee*·ko·la film (for camera)
penna f (a sfera) *pe*·na (a *sfe*·ra) pen
    (ballpoint)
pensionato/a m/f pen·syo·*na*·to/a
    pensioner · retired
perché per·*ke* why · because
perso/a m/f *per*·so/a lost
pescheria f pe·ske·*ree*·a fish shop
pezzo m di antiquariato *pe*·tso dee
    an·tee·kwa·*rya*·to antique
piano m *pya*·no floor (storey)
picnic m *peek*·neek picnic
pila f *pee*·la battery
piscina f pee·*shee*·na swimming pool
pittore/pittrice m/f pee·*to*·re/
    pee·*tree*·che painter

Q Italian–English dictionary

pittura f *pee-too-*ra *painting (the art)*
polizia f po-lee-*tsee-*a *police (civilian)*
pomeriggio m po-me-*ree-*jo *afternoon*
portacenere m por-ta-*che-*ne-re *ashtray*
portatile m por-*ta-*tee-le *laptop*
posta f *pos-*ta *mail*
posta f **ordinaria** *pos-*ta or-dee-*na-*rya *surface mail*
posta f **prioritaria** *pos-*ta pree-o-ree-*ta-*rya *express mail*
posteggio m **di tassì** *po-ste-*jo dee ta-*see taxi stand*
posto m **di polizia** *pos-*to dee po-lee-*tsee-*a *police station*
pranzo m *pran-*dzo *lunch*
prenotare pre-no-*ta-*re *book (make a booking)*
preservativo m pre-zer-va-*tee-*vo *condom*
presto m/f *pres-*to *early*
prezzo m *pre-*tso *price*
prima classe f *pree-*ma *kla-*se *first class*
prima colazione f *pree-*ma ko-la-*tsyo-*ne *breakfast*
primavera f pree-ma-*ve-*ra *spring (season)*
prossimo/a m/f *pro-*see-mo/a *next*
pulce f *pool-*che *flea*
pulito/a m/f poo-*lee-*to/a *clean*
pulizia f poo-lee-*tsee-*a *cleaning*
pullman m *pool-*man *bus (coach)*

Q

quadro m *kwa-*dro *painting (canvas)*
quando *kwan-*do *when*
qui kwee *here*

R

raccomandata f ra-ko-man-*da-*ta *registered mail*
ragazza f ra-*ga-*tsa *girl(friend)*
ragazzo m ra-*ga-*tso *boy(friend)*

regalo m re-*ga-*lo *present (gift)*
reggiseno m re-jee-*se-*no *bra*
registrazione f re-jee-stra-*tsyo-*ne *check-in (hotel)*
resto m *res-*to *change (money)*
ricetta f ree-*che-*ta *prescription*
ricevuta f ree-che-*voo-*ta *receipt*
rimborso m reem-*bor-*so *refund*
riparare ree-pa-*ra-*re *repair*
ritardo m ree-*tar-*do *delay*
ritiro m **bagagli** ree-*tee-*ro ba-*ga-*lyee *baggage claim*
ritorno m ree-*tor-*no *return*
rosa m/f *ro-*za *pink*
rosso/a m/f *ro-*so/a *red*
rotto/a m/f *ro-*to/a *broken*
rubato/a m/f roo-*ba-*to/a *stolen*

S

sacchetto m sa-*ke-*to *bag (shopping)*
sacco a pelo *sa-*ko a *pe-*lo *sleeping bag*
sala di transito *sa-*la dee *tran-*zee-to *transit lounge*
sala f **d'attesa** *sa-*la da-*te-*za *waiting room*
salumeria f sa-loo-me-*ree-*a *delicatessen*
salva slip m pl *sal-*va-sleep *panty liners*
sarto/a m/f *sar-*to/a *tailor*
scale f pl *ska-*le *stairway*
scarpe f pl *skar-*pe *shoes*
scatola f *ska-*to-la *box • carton • can • tin*
scheda f **telefonica** *ske-*da te-le-*fo-*nee-ka *phone card*
schiena f *skye-*na *back (body)*
sconto m *skon-*to *discount*
secco/a m/f *se-*ko/a *dry*
sedile m se-*dee-*le *seat (chair)*
seggiovia f se-jo-*vee-*a *chairlift (skiing)*
sentiero m sen-*tye-*ro *path • track • trail*
senza *sen-*tsa *without*
servizio m ser-*vee-*tsyo *service • service-charge*

settimana f se·tee·*ma*·na *week*
sicuro/a m/f see·*koo*·ro/a *safe*
sigaretta f see·ga·*re*·ta *cigarette*
soccorso m so·*kor*·so *help • aid*
soldi m pl *sol*·dee *money • cash*
solo andata f *so*·lo an·*da*·ta *one-way*
sorella f so·*re*·la *sister*
spiaggia f *spya*·ja *beach*
sporco/a m/f *spor*·ko/a *dirty*
spuntino m spoon·*tee*·no *snack*
stagione f sta·*jo*·ne *season*
stanza f *stan*·tsa *room*
stazione della metropolitana sta·*tsyo*·ne
   de·la me·tro·po·lee·*ta*·na *metro station*
stazione f **d'autobus** sta·*tsyo*·ne
   dow·to·boos *bus station*
stazione f **ferroviaria** sta·*tsyo*·ne
   fe·ro·*vyar*·ya *train station*
sterlina f ster·*lee*·na *pound (money)*
straniero/a m/f stra·*nye*·ro/a *foreign*
studente/studentessa m/f stoo·*den*·te/
   stoo·den·*te*·sa *student*
sud m sood *south*
suocera f *swo*·che·ra *mother-in-law*
supermercato m soo·per·mer·*ka*·to
   supermarket
sveglia f *sve*·lya *alarm clock*

T

tardi *tar*·dee *late*
temperino m tem·pe·*ree*·no *penknife*
tossire to·*see*·re *cough*
traghetto m tra·*ge*·to *ferry*
trucco m *troo*·ko *make-up*
tu too *you (inf)*
tutto m *too*·to *everything*

U

ubriaco/a m/f oo·bree·*a*·ko/a *drunk*

ufficio m oo·*fee*·cho *office*
ufficio m **del turismo** oo·*fee*·cho del
   too·*reez*·mo *tourist office*
ufficio m **oggetti smarriti** o·*je*·tee
   sma·*ree*·tee *lost property office*
ufficio m **postale** oo·*fee*·cho pos·*ta*·le
   post office
ultimo/a m/f *ool*·tee·mo/a *last*
uomo m *wo*·mo *man*
uscire con oo·*shee*·re kon *go out with •
   date*
uscita f oo·*shee*·ta *exit*

V

vacanze f pl va·*kan*·tse *holidays*
vagone m **letto** va·*go*·ne *le*·to *sleeping car*
valigetta f va·lee·*je*·ta *briefcase*
veloce ve·*lo*·che *fast*
verde *ver*·de *green*
verdura f ver·*doo*·ra *vegetable*
via f **aerea** vee·a a·*e*·re·a *airmail*
viaggio m **d'affari** *vya*·jo da·*fa*·ree
   business trip
videoregistratore m vee·de·o·re·jee·str
   a·*to*·re *video*
vino m *vee*·no *wine*
viola vee·*o*·la *purple*
visita f **guidata** *vee*·see·ta gwee·*da*·ta
   guided tour
vista f *vee*·sta *view*
vocabularietto m vo·ka·bo·la·*rye*·to
   phrasebook
vocabolario m vo·ka·bo·*la*·ryo *dictionary*
volo m *vo*·lo *flight*

Z

zaino m *dzai*·no *backpack • knapsack*
zia f *tsee*·a *aunt*